अँधेर नगरी

व अन्य लघु नाटक

अँधेर नगरी

व अन्य लघु नाटक

भारतेन्दु हरिश्चन्द्र

सम्पादक

डॉ. कृष्णदेव झारी

पराग प्रकाशन

ISBN- 978-93-81918-63-0

मूल्य
440.00

संस्करण
प्रथम, 2025

प्रकाशक : पराग प्रकाशन, **शोरूम** : एल-69ए, मालवीय नगर, नई दिल्ली-110017, Regd. Off. : 33/1, भूलभुल्लैयाँ रोड, महरौली, नई दिल्ली-110030, फोन : 4171 8888, शब्द-संयोजन : पराग प्रिंटिंग सर्विस, नई दिल्ली-110048 द्वारा एवं बालाजी ऑफसेट, दिल्ली-110032 में मुद्रित।

Andher Nagri Ve Anye Laghu Natak
Bhartendu Harishchandra
Ed. by Dr. Krishandev Jhari

तीन प्रहसन

हिन्दी रंगमंच और भारतेन्दु

भारत में अभिनय-कला और रंगमंच का वैदिक काल में ही निर्माण हो चुका था। तत्पश्चात् संस्कृत रंगमंच तो अपनी उन्नति की पराकाष्ठा पर पहुँच गया था–भरत मुनि का नाट्यशास्त्र इसका प्रमाण है। बहुत प्राचीन समय से भारत में संस्कृत नाटक धार्मिक अवसरों, सांस्कृतिक पर्वों, सामाजिक समारोहों एवं राजकीय आयोजनों पर खेले जाते थे। पर जब धीरे-धीरे संस्कृत भाषा जनता की बोलचाल की भाषा नहीं रही तो संस्कृत नाटकों का मंचीकरण समाप्त-सा हो गया।

मध्यकाल में प्रादेशिक भाषाओं में लोकमंच का उदय हुआ। यह विचित्र संयोग है कि मुस्लिमकाल में जहाँ शासकों की धर्मकट्टरता ने भारत की साहित्यिक रंग-परम्परा को तोड़ डाला वहाँ लोकभाषाओं में लोकमंच का अच्छा प्रसार हुआ। रासलीला, रामलीला तथा नौटंकी आदि के रूप में लोकधर्मी नाट्यमंच बना रहा। भक्तिकाल में एक ओर तो ब्रज प्रदेश में कृष्ण की रासलीलाओं का ब्रजभाषा में अत्यधिक प्रचलन हुआ और दूसरी ओर विजयदशमी के अवसर पर समूचे भारत के छोटे-बड़े नगरों में रामलीला बड़ी धूमधाम से मनाई जाने लगी।

साहित्यिक दृष्टि से इस मध्यकाल में कुछ संस्कृत नाटकों के पद्यबद्ध हिन्दी छायानुवाद भी हुए, जैसे नेवाज कृत 'अभिज्ञान शाकुन्तल', सोमनाथ कृत 'मालती-माधव', हृदयरामरचित 'हनुमन्नाटक' आदि; कुछ मौलिक पद्यबद्ध संवादात्मक रचनाएँ भी हुईं, जैसे लछिराम कृत 'करुणाभरण', रघुराम नागर कृत 'सभासार' (नाटक), गणेश कवि कृत 'प्रद्युम्नविजय' आदि; पर इनमें नाटकीय पद्धति का पूर्णतया निर्वाह नहीं हुआ। ये केवल संवादात्मक रचनाएँ ही कही जा सकती हैं। इस प्रकार साहित्यिक दृष्टि तथा साहित्यिक रचनाओं के अभाव के कारण मध्यकाल में साहित्यिक रंगकर्म की ओर कोई प्रवृत्ति नहीं हुई। सच तो यह

है कि आधुनिक काल में व्यावसायिक तथा साहित्यिक रंगमंच के उदय से पूर्व हमारे देश में रामलीला, नौटंकी आदि के लोकमंच ने ही चार-पाँच सौ वर्षों तक हिन्दी रंगमंच को जीवित रखा। यह लोकमंच-परम्परा आज तक विभिन्न रूपों में समूचे देश में वर्तमान है। उत्तर भारत में रामलीलाओं के अतिरिक्त महाभारत पर आधारित 'वीर अभिमन्यु', सत्य हरिश्चन्द्र' आदि ड्रामे तथा 'रूप-बसंत', 'हीर-राँझा', 'हकीकतराय', 'बिल्वामंगल' आदि नौटंकियाँ आज तक प्रचलित हैं।

आधुनिक काल में अंग्रेजी राज्य की स्थापना के साथ रंगमंच को प्रोत्साहन मिला। फलतः समूचे भारत में व्यावसायिक नाटक मंडलियाँ स्थापित हुईं। नाट्यारंगन की प्रवृत्ति सर्वप्रथम बँगला में दिखाई दी। सन् 1835 ई॰ के आसपास कलकत्ता में कई अव्यावसायिक रंगशालाओं का निर्माण हुआ। कलकत्ता के कुछ सम्भ्रान्त परिवारों और रईसों ने इनके निर्माण में योग दिया था। स्पष्टतः यह साहित्यिक प्रयास एक ओर तो लोकमंचीय परम्परा से भिन्न था और दूसरी ओर व्यावसायिक नाटक मंडलियों के असाहित्यिक प्रयास से अलग था। बँगला के इस नाट्य-सृजन और नाट्यारंगन का अध्ययन इसलिए महत्त्वपूर्ण है, क्योंकि भारतेन्दु हरिश्चन्द्र के रंगांदोलन को इसी से दशा, दिशा और प्रेरणा मिली थी। बँगला के इस आरम्भिक साहित्यिक प्रयास में जो नाटक रचे गए वे मूल संस्कृत या अंग्रेजी नाटकों के छायानुवाद या रूपान्तर थे। स्पष्ट है कि भारतेन्दु का आरम्भिक प्रयास भी संस्कृत नाटकों के छायानुवाद का ही था।

हिन्दी रंगमंचीय साहित्यिक नाटकों में सबसे पहला हिन्दी गीतिनाट्य अमानत कृत 'इंदर सभा' कहा जा सकता है जो सन् 1853 ई॰ में लखनऊ के नवाब वाजिद अलीशाह के दरबार में खेला गया था। इसमें उर्दू-शैली का वैसा ही प्रयोग था जैसा पारसी नाटक मंडलियों ने अपने नाटकों में अपनाया। सन् 1862 ई॰ में काशी में 'जानकी मंगल' नामक विशुद्ध हिन्दी नाटक खेला गया था।

उपर्युक्त साहित्यिक रंगमंच निर्माण के उपर्युक्त छुटपुट प्रयास से बहुत आगे बढ़कर पारसी मंडलियों—ओरिजिनल विक्टोरिया, एम्प्रेस विक्टोरिया, एल्फिंस्टन थियेट्रिकल कम्पनी, अलफ्रेड थियेट्रिकल तथा न्यू अलफ्रेड कम्पनी आदि—ने व्यावसायिक रंगमंच बनाया। सर्वप्रथम बम्बई में और बाद में हैदराबाद, लखनऊ, बनारस, दिल्ली, लाहौर आदि कई केन्द्रों और स्थानों से ये कम्पनियाँ देश-भर में घूम-घूमकर हिन्दी नाटकों का प्रदर्शन करने लगीं। इन पारसी नाटक मंडलियों के लिए पहले-पहल नसरबानी खान साहब, रौनक बनारसी, विनायक प्रसाद 'तालिब', 'अहसन' आदि लेखकों ने नाटक लिखे। जनता का सस्ता मनोरंजन और धनोपार्जन ही इन कम्पनियों का मुख्य उद्देश्य था। इसी से उच्चकोटि के साहित्यिक नाटकों

से इनका विशेष प्रयोजन नहीं था । धार्मिक-पौराणिक तथा प्रेम-प्रधान नाटकों को ही ये अपने रंगमंच पर दिखाती थीं । सस्ते और अश्लील प्रदर्शन करने में इन्हें जरा भी संकोच नहीं था । इसी से जनता की रुचि भ्रष्ट करने का दोष इन पर लगाया जाता है । भ्रमण के कारण इन कम्पनियों का रंगमंच भी इनके साथ घूमता रहता था । किसी स्थायी रंगमंच की स्थापना इनके द्वारा भी संभव नहीं थी । रंगमंच का ढाँचा बल्लियों द्वारा निर्मित किया जाता था और स्टेज पर चित्र-विचित्र पर्दे लटका लिद जाते थे । भड़कीली-चटकीली वेशभूषा, पर्दों की नई-नई चित्रकारी तथा चमत्कारपूर्ण दृश्य-विधान की ओर इनका अधिक ध्यान रहता था । पर्दों को दृश्यों के अनुसार उठाया-गिराया जाता था । संगीत-वाद्य का आयोजन स्टेज के अगले भाग में होता था । गम्भीर दृश्यों के बीच-बीच में भी भद्दे हास्यपूर्ण दृश्य जानबूझकर रखे जाते थे । बीच-बीच में शायरी, गजलें और तुकबन्दी खूब चलती थी । भाषा उर्दू-हिन्दी का मिश्रित रूप थी । संवाद पद्य-रूप तथा तुकपूर्ण खूब होते थे ।

राधेश्याम कथावाचक, नारायणप्रसाद बेताब, आगाहश्र कश्मीरी, हरिकृष्ण जौहर आदि कुछ ऐसे नाटककार भी हुए हैं जिन्होंने पारसी रंगमंच को कुछ साहित्यिक पुट देकर सुधारने का प्रयत्न किया और हिन्दी को इस व्यावसायिक रंगमंच पर लाने की चेष्टा की । पर व्यावसायिक वृत्ति के कारण संभवतः इस रंगमंच पर सुधार संभव नहीं था । इसी से इन नाटककारों को भी व्यावसायिक बन जाना पड़ा । इस प्रकार पारसी रंगमंच न विकसित हो सका, न स्थायी ही बन सका ।

साहित्यिक रंगमंच–जैसाकि कहा जा चुका है, हिन्दी में अव्यावसायिक साहित्यिक रंगमंच के निर्माण का श्रीगणेश आगाहसन 'अमानत' लखनवी के 'इंदर सभा' नामक गीति-रूपक से माना जा सकता है । पर सच तो यह है कि 'इंदर सभा' भी वास्तव में रंगमंचीय कृति नहीं थी । इसमें शामियाने के नीचे खुला स्टेज रहता था । नौटंकी की तरह तीन ओर दर्शक बैठते थे, एक ओर तख्त पर राजा इंदर का आसन लगा दिया जाता था, साथ में परियों के लिए कुर्सियाँ रखी जाती थीं। साजिंदों के पीछे एक लाल रंग का पर्दा लटका दिया जाता था । इसी के पीछे से पात्रों का प्रवेश कराया जाता था । राजा इंदर, परियाँ आदि पात्र एक बार आकर वहीं उपस्थित रहते थे । वे अपने संवाद बोलकर वापस नहीं जाते थे ।

उस समय नाट्यारंगन इतना लोकप्रिय हुआ कि अमानत की 'इंदर सभा' के अनुकरण पर कई सभाएँ रची गईं, जैसे 'मदारीलाल की इंदर सभा', 'दर्याई इंदर सभा', 'हवाई इंदर सभा' आदि । पारसी नाटक मंडलियों ने भी इन सभाओं और मजलिसेपरिस्तान को अपनाया । ये रचनाएँ नाटक नहीं थीं और न ही इनसे हिन्दी

का रंगमंच निर्मित हुआ । इसी से भारतेन्दु हरिश्चन्द्र इनको नाटकाभास कहते थे । उन्होंने इनकी पैरोडी के रूप में 'बंदर सभा' लिखी थी ।

इस प्रकार भारतेन्दु से पूर्व हिन्दी रंगमंच और नाट्य-रचना के व्यावसायिक तथा अव्यावसायिक साहित्यिक प्रयास तो हुए पर हिन्दी का वास्तविक और स्थायी रंगमंच निर्मित और विकसित नहीं हो पाया था । सन् 1850 ई० से सन् 1868 ई० तक हिन्दी रंगमंच का उदय और प्रचार-प्रसार तो हुआ पर उसका सुरुचिपूर्ण विकास और स्थायी निर्माण नहीं हो सका था । पारसी नाटक मंडलियों के अतिरिक्त कुछ और भी छुटपुट व्यावसायिक मंडलियाँ विभिन्न स्थानों पर निर्मित हुईं पर साहित्यिक सुरुचि सम्पन्नता का उनमें भी अभाव ही रहा ।

व्यावसायिक मंडलियों के प्रयत्न में हिन्दी रंगमंच की जो रूपरेखा बनी थी, प्रचार और प्रसार का जो काम हुआ था तथा इनके कारण जो कुछ अच्छे नाटककार हिन्दी को मिले थे–उस अवसर और परिस्थिति का लाभ नहीं उठाया जा सका था ।

हिन्दी के विशुद्ध साहित्यिक रंगमंच और नाट्य-सृजन की परम्परा की दृष्टि से सन् 1868 ई० का बड़ा महत्त्व है । भातेन्दु के नाटक-लेखन और मंचीकरण का श्रीगणेश इसी वर्ष हुआ । इसके पूर्व न तो पात्रों के प्रवेश-गमन, दृश्य-योजना आदि से युक्त कोई वास्तविक नाटक हिन्दी में रचा गया था, भारतेन्दु के पिता गोपालचन्द्ररचित 'नहुष' तथा महाराज विश्वनाथसिंहरचित 'आनंदरघुनंदन' भी पूर्ण नाटक नहीं थे, न पर्दों और दृश्यों आदि की योजना वाला विकसित रंगमंच ही निर्मित हुआ था; नाट्यारंगन के अधिकतर प्रयास भी अभी तक मुंबई आदि अहिन्दी भाषी क्षेत्रों में ही हुए थे और भाषा का स्वरूप भी हिन्दी-उर्दू का मिश्रित खिचड़ी रूप ही था ।

3 अप्रैल, सन् 1868 ई० को पं. शीतल प्रसाद रचित 'जानकी मंगल' नाटक का अभिनय 'बनारस थियेटर' में आयोजित किया गया था । कहते हैं कि जिस लड़के को लक्ष्मण का अभिनय पार्ट करना था वह अचानक उस दिन बीमार पड़ गया । लक्ष्मण के अभिनय की समस्या उपस्थित हो गई और उस दिन यदि युवक भारतेन्दु स्थिति को न सँभालते तो नाट्यायोजन स्थगित करना पड़ता । भारतेन्दु ने एक-डेढ़ घंटे में ही न केवल लक्ष्मण की अपनी भूमिका याद कर ली अपितु पूरे 'जानकी मंगल' नाटक को ही मस्तिष्क में जमा लिया । भारतेन्दु ने अपने अभिजात्य की परवाह नहीं की । उन दिनों उच्च कुल के लोग अभिनय करना अपनी प्रतिष्ठा के अनुकूल नहीं समझते थे । इस प्रकार इस नाटक से भारतेन्दु ने रंगमंच पर सक्रिय भाग लेना आरम्भ किया । इसी समय से उन्होंने नाट्य-सृजन भी आरम्भ किया ।

भारतेन्दु ने सन् 1868 ई० से सन् 1885 ई० तक अपने स्वल्प और अत्यन्त व्यस्त

जीवन के शेष 17 वर्षों में अनेक नाटकों का सृजन किया, अनेक नाटकों में स्वयं अभिनय किया, अनेक रंगशालाएँ निर्मित कराईं और हिन्दी रंगमंच के स्थापन का स्तुत्य प्रयास किया। यही नहीं, भारतेन्दु ने अनेक लेखकों और रंगकर्मियों को नाट्य-सृजन और अभिनय के लिए प्रेरित किया। भारतेन्दु के सदुद्योग एवं प्रेरणा से काशी, प्रयाग, कानपुर आदि कई स्थानों पर हिन्दी का अव्यावसायिक साहित्यिक रंगमंच स्थापित हुआ। भारतेन्दु के ही जीवन काल में ये कुछ रंग-संस्थाएँ स्थापित हो चुकी थीं : (1) काशी में भारतेन्दु के संरक्षण में नेशनल थियेटर की स्थापना हुई। भारतेन्दु ने अपना 'अंधेर नगरी' प्रहसन इसी थियेटर के लिए एक ही रात में लिखा था, (2) प्रयाग में 'आर्य नाट्यसभा' स्थापित हुई जिसमें लाला श्रीनिवासदास का 'रंगधीर प्रेममोहिनी' प्रथम बार अभिनीत हुआ था, (3) कानपुर में भारतेन्दु के सहयोगी पं. प्रतापनारायण मिश्र ने हिन्दी रंगमंच का नेतृत्व किया और भारतेन्दु के 'वैदिकी हिंसा हिंसा न भवति', 'सत्य हरिश्चन्द्र', 'भारत-दुर्दशा', 'अंधेर नगरी' आदि नाटकों का अभिनय कराया। इनके अतिरिक्त बलिया, डुमराँव, लखनऊ आदि उत्तर प्रदेश के कई स्थानों और बिहार प्रदेश में भी हिन्दी रंगमच और नाट्य-सृजन की दृढ़ परम्परा का निर्माण हुआ।

इस प्रकार भारतेन्दु हरिश्चन्द्र के सत्प्रयत्नों से हिन्दी के साहित्यिक रंगकर्म और नाट्य-लेखन की दृढ़ परम्परा चली। पर सन् 1885 ई॰ में भारतेन्दु के निधन के पश्चात् वह उत्साह कुछ मन्द पड़ गया। 19वीं शती के अन्तिम दशक में फिर कुछ छुटपुट प्रयास हुए। कई नाटक मंडलियों की स्थापना हुई, जैसे प्रयाग की 'श्री रामलीला नाटक मंडली' तथा 'हिन्दी नाट्य समिति', भारतेन्दु जी के भतीजों–श्रीकृष्णचन्द्र और श्री ब्रजचन्द्र–द्वारा काशी में स्थापित 'श्री भारतेन्दु नाटक मंडली' तथा 'काशी नागरी नाटक मंडली।' इन नाटक मंडलियों के प्रयत्न से उस समय 'महाराणा प्रताप', 'सत्य हरिश्चन्द्र', 'महाभारत', 'सुभद्राहरण', 'भीष्मपितामह', 'बिल्व मंगल', 'संसार स्वप्न', 'कलियुग' आदि अनेक नाटकों का अभिनय हुआ।

पर ये प्रयास भी बहुत दिन नहीं चल सके। धनाभाव तथा सरकारी और गैर-सरकारी प्रोत्साहन के अभाव में साहित्यिक रंगमंच की स्थापना के प्रयत्न कालान्तर में सब सो गए। इन छुटपुट प्रयासों के अन्तर्गत तत्कालीन साहित्यिक नाटकों का अभिनय हुआ और हिन्दी में कुछ अच्छे रंगमंचानुकूल साहित्यिक नाटकों की रचना हुई। पारसी नाटक कम्पनियों के दुष्प्रभाव का तो यह प्रयास अच्छा जवाब था, किन्तु यह प्रयास था बहुत ही स्वल्प। दूसरे, इस साहित्यिक रंगान्दोलन से भी हिन्दी का रंगमंच विशेष विकसित नहीं हुआ, क्योंकि यह रंगमंच

पारसी रंगमंच से विशेष भिन्न और विकसित नहीं था—वही पर्दों की योजना, वैसा ही दृश्य-विधान और संगी आदि का प्रबंध रहता था। वैज्ञानिक साधनों से सम्पन्न घूमने वाले रंगमंच का विकास 19वीं शती में नहीं हो सका था। ध्वनि-यन्त्र, प्रकाश-यन्त्र आदि की स्थापना के प्रयास भी हिन्दी रंगमंच के विकास की दिशा में कोई महत्त्वपूर्ण योग नहीं दे पाए। हाँ, इनका यही लाभ हुआ कि पारसी नाटक कम्पनियों के भ्रष्ट प्रचार को कुछ धक्का लगा तथा कुछ रंगमंचीय हिन्दी नाटक प्रकाश में आए।

20वीं शताब्दी के तीसरे दशक में सिनेमा के आगमन ने पारसी रंगमंच को सर्वथा समाप्त कर दिया। पर अव्यावसायिक रंगमंच इधर-उधर नए रूपों में जीवित रहा। अब हिन्दी का रंगमंच केवल स्कूलों और कॉलेजों तक ही सीमित रह गया। आज के अव्यावसायिक रंगमंच का अस्तित्व स्कूलों-कॉलेजों में ही है। यह रंगमंच बड़े नाटकों की अपेक्षा एकांकियों को अधिक अपनाकर चला। इसके दो मुख्य कारण हैं—एक तो आज का दर्शक कम-से-कम समय में अपने मनोरंजन की पूर्ति करना चाहता है, दूसरे, आयोजकों के लिए भी बड़े नाटक का प्रदर्शन जहाँ बहुत कठिनाई उत्पन्न करता है वहाँ एकांकी का प्रदर्शन सरल है—रंगमंच, दृश्य-विधान आदि एकांकी में सरल होते हैं, पात्र भी बहुत कम रहते हैं। अतः सभी शिक्षालयों, सांस्कृतिक आयोजनों आदि में आजकल एकांकियों का ही प्रदर्शन होता है। डॉ. रामकुमार वर्मा, उपेन्द्रनाथ अश्क, सेठ गोविन्द दास, जगदीशचन्द्र माथुर आदि हमारे अनेक नाटककारों ने सुन्दर अभिनय-उपयोगी एकांकी नाटकों तथा दीर्घ नाटकों की रचना की है।

प्रसाद जी ने उच्चकोटि के साहित्यिक नाटक रच कर हिन्दी नाटक साहित्य को समृद्ध किया था, पर उनके नाटक रंगमंच पर कुछ कठिनाई उत्पन्न करते थे। फिर भी कुछ काट-छाँट के साथ प्रसाद जी के प्रायः सभी नाटकों का अभिनय हिन्दी के अव्यावसायिक रंगमंच पर हुआ।

जार्ज बर्नार्ड शॉ, इब्सन आदि पाश्चात्य नाटककारों के प्रभाव से उपर्युक्त प्रसादोत्तर आधुनिक नाटककारों ने कुछ बहुत सुन्दर रंगमंचीय नाटकों की सृष्टि की। इन नाटककारों के अनेक पूरे नाटक भी रंगमंचों से प्रदर्शित हुए।

स्वतंत्रता के पश्चात् हिन्दी रंगमंच के स्थायी निर्माण की दिशा में अनेक सरकारी-गैर-सरकारी प्रयत्न हुए हैं। सरकार की ओर से भी कई गैर-सरकारी संस्थाओं को रंगमंच की स्थापना के लिए आर्थिक सहायता मिली है। पुरुषों के साथ अब स्त्रियाँ भी अभिनय में भाग लेने लगी हैं। स्कूलों-कॉलेजों में कुछ अच्छे नाटकों का अब अच्छा प्रदर्शन होने लगा है। अनेक सामाजिक-सांस्कृतिक

संस्थाओं से संबद्ध कुछ अच्छे स्थायी रंगमंच बने हैं, जैसे थियेटर सेंटर के तत्त्वावधान में दिल्ली, बम्बई, कलकत्ता, इलाहाबाद, हैदराबाद, बंगलौर, शान्तिनिकेतन आदि स्थानों पर स्थायी रंगमंच स्थापित हैं । केन्द्रीय सरकार भी इस ओर पर्याप्त ध्यान दे रही है । पर इन सर्वभाषायी रंगमंचों पर हिन्दी भिखारिणी सी ही प्रतीत होती है ।

केन्द्रीय सरकार ने संगीत नाटक अकादमी की स्थापना की है, जिसमें अच्छे नाटककारों और कलाकारों को प्रोत्साहन दिया जाता है ।

व्यावसायिक रंगमंच के निर्माण के भी पिछले दिनों कुछ प्रयत्न हुए हैं । प्रसिद्ध कलाकार स्वर्गीय पृथ्वीराज कपूर ने कुछ वर्ष हुए पृथ्वी थियेटर की स्थापना की थी । उन्होंने कई नाटक प्रस्तुत किए हैं, जैसे 'दीवार', 'गद्दार', 'पठान', 'कलाकार', 'आहूति' आदि । धन की हानि उठाकर भी कुछ वर्ष इस कम्पनी ने उत्साहपूर्वक अच्छा कार्य किया । पर इतने प्रयास पर भी बम्बई, दिल्ली या किसी जगह हिन्दी का स्थायी व्यावसायिक रंगमंच नहीं बन सका है ।

इस मार्ग में कठिनाइयाँ हैं । सरकारी प्रयत्न अत्यल्प हैं । विशुद्ध हिन्दी रंगमंच के निर्माण की दृष्टि से पृथक् प्रयत्न होने चाहिए । हर नगर में कम-से-कम एक तथा दिल्ली-जैसे महानगरों के विभिन्न क्षेत्रों में अलग-अलग स्थायी रंगमंच (नाट्यशाला) बनाए जाने चाहिए ।

इन रंगमंचों का प्रबन्ध और प्रदर्शन–आयोजन कुशल एवं अनुभवी साहित्य-कलाकारों के हाथों में सौंपा जाना चाहिए, जो गुटबन्दी या पक्षपात से दूर रहकर अच्छे-अच्छे रंगमंचीय नाटकों के प्रदर्शन का आयोजन करें ।

अन्य सरकारी व्यवसायों की तरह प्रत्येक रंगमंच को सरकारी व्यावसायिक रंगमंच का रूप प्रदान कर देना चाहिए, क्योंकि इन पंक्तियों के लेखक का निश्चित मत है कि जब तक हिन्दी रंगमंच व्यावसायिक रूप में अपना स्थान नहीं बनाता, तब तक उसका स्थायी अस्तित्व और विकास संभव नहीं है ।

इससे देश के अच्छे-अच्छे कलाकारों को अपनी-अपनी प्रतिभा के विकास का अवसर मिलेगा और अच्छे रंगमंचीय नाटकों की रचना होगी ।

कुछ लोगों को जनता की रुचि की आशंका है कि कहीं जनता सिनेमा के मुकाबले रंगमंच में रुचि न दिखाए । पर यदि अच्छे नाटकों का अच्छा प्रदर्शन होगा तो जनता देखने को टूट पड़ेगी, ऐसा निश्चित है । अत: जनता की ओर से आशंका व्यर्थ है । मेरी दृष्टि में थियेटर के निर्माण का कार्य व्यावसायिक दृष्टि से बहुत लाभप्रद सिद्ध हो सकता है ।

अभिनय के लिए कुशल युवक और युवतियों की आज कमी इसलिए है कि

हमारा रंगमंच आज अव्यावसायिक है । भला बिना अर्थ–लाभ के केवल शौक पूरा करने के लिए कौन अभिनय करना चाहता है !

रंगमंच पर प्रदर्शनार्थ ऐसे नाटक चुने जाएँ जो सरस और रोचक होने के साथ–साथ प्रेरणाप्रद यथार्थवादी हों । जिनकी भाषा सरल, चुस्त, प्रवाहपूर्ण हो और जो लगभग दो घंटे में अच्छी तरह रंगमंच पर प्रस्तुत किए जा सकें ।

ध्वनि–यन्त्र, विद्युत–प्रकाश यन्त्र आदि आधुनिक वैज्ञानिक साधनों से हमारा रंगमंच तभी समृद्ध बन सकता है जब व्यावसायिक स्तर पर हम उसकी सम्भावनाओं को पूरा करें और प्रतिदिन के प्रदर्शनों से आवश्यकतानुसार अपने रंगमंच को सब दृष्टि से साधन–सम्पन्न बनाएँ ।

पृष्ठभूमि : प्रेरणा–स्त्रोत

भारतेन्दु और उनके सहयोगी लेखकों ने नाट्य–सृजन की प्रेरणा कहाँ–कहाँ से प्राप्त की, यह प्रश्न पर्याप्त महत्त्व का है । इस प्रश्न का महत्त्व इस दृष्टि से और भी बढ़ जाता है, जब हम देखते हैं कि हिन्दी में नाट्य–रचना का सूत्रपात भारतेन्दु की ही नव–प्रवर्तनकारी प्रतिभा से हुआ । यद्यपि भारतेन्दु से पूर्व नाट्य–शैली में कुछ सृजन–प्रयास हुए थे, पर नाटक के वास्तविक रूप का उद्‌भव सर्वप्रथम भारतेन्दु की ही लेखनी से हुआ । अस्तु, जब हिन्दी में इस साहित्य–विधा का अभाव था, तो भारतेन्दु ने नाट्य–सृजन की प्रेरणा कहाँ से ली ?

साहित्यिक प्रेरणा–साहित्यिक प्रेरणा की खोज की जाय तो कहा जा सकता है कि भारतेन्दु ने संस्कृत तथा प्राकृत की पूर्ववर्ती भारतीय नाट्य–परम्परा और बँगला की समसामयिक नाट्यधारा के साथ अंग्रेजी प्रभाव–धारा से प्रेरणा ली । यद्यपि हमारे यहाँ भास, कालीदास, भवभूति, शूद्रक आदि पूर्ववर्ती संस्कृत नाटककारों की समृद्ध नाट्य–परम्परा विद्यमान थी, पर यह खेद की बात है कि भारतेन्दु बाबू ने उस समृद्ध संस्कृत नाट्य–परम्परा के स्थान पर परवर्ती ह्रासोन्मुखी संस्कृत नाट्य–परम्परा को अपने सम्मुख रखा । प्राकृत–अपभ्रंश काल में अर्थात् ईसा की 9वीं–10वीं शताब्दी के बाद संस्कृत नाटक ह्रासोन्मुख हो गया था । प्राकृत और अपभ्रंश में भी नाट्य–सृजन वैसा उत्कृष्ट नहीं हुआ जैसा पूर्ववर्ती संस्कृत–नाट्य–साहित्य था । अतः भारतेन्दु के सामने संस्कृत–प्राकृत की यह परवर्ती ह्रासगामी परम्परा रही । संस्कृत के मुरारि, राजशेखर, जयदेव आदि की क्रमशः 'अनर्घराघव', 'बालरामायण', 'प्रसन्नराघव' आदि रचनाएँ ही भारतेन्दु तथा उनके सहयोगी लेखकों का आदर्श बनीं । इनमें न कथ्य या विषय–वस्तु का वह गाम्भीर्य था, जो

कालिदास आदि की अमर कृतियों में था, न उन जैसी शैली-शिल्प की श्रेष्ठता थी । यही कारण है कि भारतेन्दु-पूर्व हिन्दी नाटक सर्वथा निष्प्राण रहा और यद्यपि भारतेन्दु ने उसमें सामयिक, सामाजिक और सांस्कृतिक जीवन की झलक पैदा कर नवोन्मेष और किंचित् सप्राणता का प्रयास किया, पर उनके प्रयत्नों के बावजूद भारतेन्दुकालीन हिन्दी नाटक कथ्य और शिल्प दोनों की ही दृष्टि से शैशव काल में ही पड़ा रहा, विशेष उत्कर्ष को प्राप्त नहीं हुआ ।

संस्कृत नाटकों के अतिरिक्त बँगला-अंग्रेजी नाटकों का प्रभाव भी हमारे लेखकों पर पड़ा । अंग्रेजों का राज्य देश में स्थापित होने के बाद भारतीयों का परिचय अंग्रेजी भाषा और अंग्रेजी साहित्य से हुआ । अंग्रेजी और बँगला का साहित्य था भी उत्कृष्ट । अतः इन भाषाओं के नाटकों का अनुवाद हिन्दी में करने तथा उनके आधार पर मौलिक नाटक रचने की प्रवृत्ति भारतेन्दुकालीन नाटकों में ही नहीं, अपितु भारतेन्दु-परवर्ती नाटककारों में भी पनपी । अंग्रेजी और बँगला की देखादेखी निज-भाषा हिन्दी में साहित्य-सृजन के राष्ट्रीय उत्साह से भरकर भारतेन्दु और उनके समकालीन लेखकों ने धड़ाधड़ अनेक नाटक रच डाले । ऐसी झटपट की सृष्टि का अनगढ़ रह जाना स्वाभाविक था । संस्कृत, प्राकृत, अंग्रेजी और बँगला भाषा के अनेक नाटकों का छायानुवाद भारतेन्दु काल में हुआ । स्वयं भारतेन्दु का प्रथम नाट्य-सृजन 'विद्यासुन्दर' बँगला नाटक का अनुवाद है । 'दुर्लभबंधु' शेक्सपियर के अंग्रेजी नाटक 'मर्चेंट ऑफ वेनिस' का छायानुवाद है । 'भारत जननी' बँगला के 'भारतमाता' का अनुवाद है । 'सत्य हरिश्चन्द्र' आर्य क्षेमेश्वर की संस्कृत रचना 'चंडकौशिक' के आधार पर रचा गया नाटक है । भारतेन्दु के कुछ अन्य नाटक 'मुद्राराक्षस', 'धनंजय विजय', 'कर्पूरमंजरी' आदि भी संस्कृत, प्राकृत और बँगला आदि से अनूदित ही हैं । भारतेन्दु युग का 'रणधीरप्रेममोहिनी' पाश्चात्य नाट्य-शैली से प्रभावित है ।

लोकमंच–उस युग में पारस नाटक मंडलियों तथा रामलीला और रासलीला का लोकमंच भी अत्यंत सक्रिय था । इस लोकमंच का सीधा प्रभाव भारतेन्दु पर पड़ा । भारतेन्दु और उनके सहयोगियों ने इसी लोकमंच को दृष्टि में रखकर नाट्य-सृजन किया । इन लेखकों की अभिनय में सक्रिय रुचि थी । स्वयं भारतेन्दु ने कई नाटक मंडलियाँ स्थापित थीं और कई नाटकों के रंगमंचन में भाग लिया, स्वयं अभिनय किया । पारसी नाटक मंडलियों की जनप्रियता ने भारतेन्दु को लोकमंच की ओर आकृष्ट किया और इसी कारण उन्होंने हल्के-फुल्के, हास्य-व्यंग्य से ओतप्रोत, किन्तु साथ ही सामाजिक नवचेतना को जगाने वाले नाटकों की रचना की । उस युग की पारसी कंपनियाँ जनता का सस्ता मनोरंजन कराती थीं; भारतेन्दु

ने एक ओर तो उनकी जनप्रियता देखकर हिन्दी के लिए हल्के-फुल्के साहित्यिक रंगमंच को ही श्रेयस्कर समझा, दूसरी ओर, पारसी-नाट्य-मंडलियों के दुष्प्रभाव को दूर करने के लिए हिन्दी में सामाजिक और सांस्कृतिक प्रेरणा से ओतप्रोत नाटकों का सृजन किया। पारसी कम्पनियों, रामलीलाओं, रासलीलाओं आदि की जनप्रियता देखकर ही भारतेन्दु हिन्दी का साहित्यिक लोकमंच निर्मित करने की ओर प्रवृत्त हुए थे। उन्होंने श्रव्य-काव्य की अपेक्षा दृश्य-काव्य के प्रभाव का अंदाजा भी इसी लोकमंच से लगाया था।

सामाजिक एवं जातीय चेतना—इस प्रकार उपर्युक्त संस्कृत, प्राकृत, बँगला और अंग्रेजी नाट्य परम्पराओं को भारतेन्दु के नाट्य-सृजन की प्रेरक कहा जा सकता है। साथ ही समसामयिक पारसी व्यावसायिक मंडलियों और रामलीला, रासलीला आदि अव्यावसायिक लोकमंच से भी उन्होंने प्रेरणा प्राप्त की। कहते हैं कि अपनी बंग-यात्रा से भारतेन्दु नाट्य-सृजन का नवोत्साह प्राप्त करके आए थे। पर इन सब प्रेरक तत्त्वों के साथ यदि युगीन सामाजिक-सांस्कृतिक नवचेतना का उल्लेख न किया जाय तो भारतेन्दु के मौलिक नाटकों की प्राणधारा का परिचय नहीं हो सकता। इस युग में जातीय एवं राष्ट्रीय हीनता का जो कटु आभास हमारे प्रबुद्ध नेताओं को हुआ था उसी के फलस्वरूप ब्रह्मसमाज, आर्यसमाज, थियोसोफिकल सोसाइटी आदि धार्मिक और सामाजिक संस्थाओं का निर्माण हुआ। कई प्रकार के धर्म-सुधार और समाज-सुधार के आंदोलन छिड़ गए थे। विदेशी अंग्रेजों की तुलना में जातीय संस्कृति और राष्ट्रगौरव का प्रश्न उपस्थित हो गया था। समाज की बुराइयाँ, रूढ़ियाँ और अन्धविश्वास उभर आए थे। हमारे प्रबुद्ध नेताओं और साहित्यकारों ने अपने भाषणों, वक्तव्यों, लेखों और साहित्य-सृजन द्वारा सामाजिक बुराइयों का पर्दाफाश करना आरम्भ कर दिया था। हिन्दी में भारतेन्दु उन अग्रणी साहित्यकारों में से हैं जिन्होंने अपने लेखों, नाटकों आदि द्वारा समाज-सुधार की आवाज बुलन्द की। यह जातीय और राष्ट्रीय नवचेतना उनके लिए साहित्य-सृजन की अदम्य प्रेरणा बन गई थी।

राष्ट्रभाषा-प्रेम भी इस जातीय नवचेतना का एक रूप था। 'निज भाषा उन्नति अहै सब उन्नति को मूल' तथा 'हिन्दी, हिन्दू, हिन्दुस्तान' के अभियान उस युग की जातीय भावना के परिचायक हैं। भाषा की एकता राष्ट्रीय एकता की बोधक थी। इसी से भारतेन्दु-युग के लेखकों ने हिन्दी भाषा के प्रचार का बीड़ा उठाया था।

भारतीय नवजागरण का वह युग राजनीतिक संघर्ष का युग नहीं था। सन् 1857 ई० का संघर्ष विफल हो चुका था, अतः राजनीति की भूमि पर राष्ट्रीय संघर्ष सम्भव नहीं था। इसी से प्रथम नवजागरण सामाजिक और धार्मिक भावभूमि पर

हुआ। सैकड़ों वर्षों के पश्चात् देश में शान्ति की स्थिति नजर आई थी। अत: प्रत्यक्ष रूप में अंग्रेजी सरकार-विरोधी आन्दोलन भारतेन्दु का उपजीव्य नहीं बन सका। उन्हें अंग्रेजी-राज की प्रशंसा भी कुछ हद तक करनी पड़ी। साथ ही देश की आर्थिक दुर्दशा और शोषण के लिए वे बहुत खिन्न थे :

अंग्रेजराज सुख साज सजै सब भारी।
पै धन विदेश चलि जात इहै अति ख्वारी॥

तो क्या भारतेन्दु की राष्ट्रीय भावना अंग्रेजी दासता को स्वीकार कर चुकी थी ? इस प्रश्न का स्पष्ट उत्तर यही है कि समय की नजाकत को देखते हुए ही भारतेन्दु देश की स्वतंत्रता के लिए संघर्षरत नहीं हो सके थे। पहला सवाल था जातीय उत्थान का। अंधकार में पड़ी भारतीय जनता को प्रबुद्ध करना पहली आवश्यकता थी। उसके बाद ही स्वतंत्रता का संघर्ष सम्भव था। इसी से भारतेन्दु 'राजराजेश्वरी' (मल्का विक्टोरिया) के विरुद्ध विद्रोह का स्वर प्रकट करने की अपेक्षा उसके कृपा-प्रसाद से भारतवासियों की दशा सुधारने की आशा लगाए हुए थे। 'भारत-दुर्दशा' में उनकी राष्ट्रीय भावना का यही रूप प्रकट हुआ है।

भारतेन्दु को अतीत भारत के शौर्य, वीरता, सभ्यता, सांस्कृतिक उच्चता पर गर्व था। भारत के अतीत गौरव का स्मरण कराकर वे हिन्दू जाति को वीर, कर्मठ, सुसभ्य और उन्नत बनाना चाहते थे। आत्महीनता के स्थान पर स्वाभिमान और आत्मगौरव जगाना उनका उद्देश्य था। 'भारत-दुर्दशा' के आरम्भ में योगी का गान इसी भावाशय का द्योतक है : जो भारत संसार में सर्वप्रथम सुसभ्य, सुसंस्कृत, धन-बल में सबसे बढ़ा-चढ़ा देश था, जहाँ ज्ञान की प्रथम रश्मियाँ फैलीं, वही देश आज सबसे पिछड़ा हुआ है ! हा ! यह कैसी विडम्बना है ! जहाँ नहुष, राम, भीम, अर्जुन-जैसे पराक्रमी युधिष्ठिर, हरिश्चन्द्र-जैसे सत्यवादी व धर्मव्रती राजा हुए हैं, वहीं आज असभ्यता, अज्ञानता, फूट, आलस्य, दुर्बुद्धि और मूर्खता छाई हुई है ! सब भारतवासी कितने दीनहीन हो गए हैं ! देश की निपट निर्धनता पर उन्होंने आठ-आठ आँसू बहाए हैं। अंग्रेजराज चाहे कितना ही सुख-वैभव से सजा हो, पर जनता पर तो महँगाई, टैक्स और शोषण की आफत आई हुई है ! भारतेन्दु ने इस स्थिति के प्रति असंतोष व्यक्त करके एक प्रकार से अंग्रेजी राज्य का भी अप्रत्यक्ष विरोध ही किया है 'पै धन विदेश चलि जात इहै अति ख्वारी', 'सबके ऊपर टिक्कस की आफत आई'-जैसे वक्तव्य इसके प्रमाण हैं।

भारतेन्दु के 'भारत-दुर्दशा' और 'भारत-जननी' नाटक विशेष रूप से राष्ट्रीय भावना से ओतप्रोत हैं। 'भारत-दुर्दशा' रूपक में भारतेन्दु ने भारत की दशा का बड़ा दर्दनाक चित्र उपस्थित किया है। यह देश असहायावस्था को प्राप्त हो गया

है । भारत कहता है : 'मात:, राजराजेश्वरी ! विजयिनी ! मुझे बचाओ । अपनाए की लाज रखो ।' इन पंक्तियों से राजभक्ति या अंग्रेजी-शरण की भावना व्यक्त हुई है, इसमें संदेह नहीं, पर इसके साथ ही जब भारत कहता है-'हाय ! मैंने जाना था कि अंग्रेजों के हाथ में आकर हम अपने दुखी मन को पुस्तकों से बहलाएँगे और सुख मानकर जन्म बिताएँगे, पर दैव से वह भी न सहा गया । हाय ! कोई बचाने वाला नहीं ।' तो अंग्रेजी-निर्भरता की बात खंडित हो जाती है । इस देश के राष्ट्रीय भाव-धारा शासन या सत्ता की अपेक्षा धर्म-संस्कृति पर टिकी हुई थी । शासक से अधिक समाज और धर्म-नियन्ता का महत्त्व था । यही कारण है कि चन्द्रगुप्त से अधिक चाणक्य, अशोक से कहीं अधिक बुद्ध, शिवाजी से बढ़कर स्वामी रामदास को यहाँ सम्मान मिला । शासक कोई हो-अपना हो या विदेशी, पर धर्म, संस्कृति, इतिहास, परम्परा, भाषा और साहित्य अपने ही रहने चाहिए । यही भारत की वास्तविक राष्ट्रीय भावना थी जो भारतेन्दुकाल में उच्च स्वर में अभिव्यक्त हुई ।

अंग्रेजों से पूर्व शक, हूण और यहाँ तक कि मुस्लिम शासकों ने भी भारत की सामाजिक और सांस्कृतिक व्यवस्था में विशेष दखल नहीं दिया था, पर अंग्रेजों ने यह अनुभव कर लिया था कि भारत पर वास्तविक अधिकार तभी कायम हो सकता है जब कि भारतीयों को उनके धर्म, संस्कृति, जीवनादर्श, इतिहास-परम्परा से काटकर विदेशी संस्कृति के रंग में रँग दिया जाय । लॉर्ड मैकाले का यह मन्तव्य था कि अंग्रेजी शिक्षा-दीक्षा के प्रसार से भारतीय केवल बाह्य रंग-रूप से ही भारतीय दिखाई देंगे, मन, वचन और कर्म से सर्वथा विदेशी रंग में रँगे जाएँगे । तदनुसार अंग्रेजों ने ईसाई मिशनरियों द्वारा धर्म-प्रचार आरम्भ किया, अंग्रेजी शिक्षा-दीक्षा के लिए नए स्कूल-कॉलेज खोले, अंग्रेजी खान-पान, रहन-सहन का प्रचार किया । इस प्रकार की मन की गुलामी का विरोध होना आवश्यक था । अत: भारतेन्दुकाल शरीर की गुलामी की अपेक्षा आत्मा की गुलामी के विरुद्ध निनाद कर उठा ।

इस जातीय सांस्कृतिक उत्थान का उद्देश्य अपनाकर ही भारतेन्दु ने साहित्य-सृजन आरम्भ किया था । अपने फुफेरे भाई बाबू राधाकृष्णदास-विरचित नाटक 'महारानी पद्मावती' पर उनकी यह टिप्पणी इस तथ्य का प्रमाण है : "ऐसे ही ग्रंथों का प्रचार अब भारतवर्ष में अपेक्षित है । कदरपिया की ठुमरी सुनते-सुनते आर्यों में क्लीवपना अब चरम सीमा को पहुँच गया, अब आर्यों को इस बात की याद दिलानी चाहिए कि उनके पूर्व-पुरुष कैसे उदार, कैसे वीर, कैसे धीर, दृढ़, अध्यवसायी थे और उनकी वीर पत्नी पतिव्रत धर्म और कुल-मर्यादा की रक्षा हेतु अपने अमूल्य जीवन को कैसे तृण-सा त्याग देती थीं ।"

जैसाकि कहा जा चुका है, भारतेन्दु ने अपने जातीयोत्थान के उद्देश्य की पूर्ति के लिए नाटक के लोकमंच को ही मुख्य साधन चुना । उन्होंने अपने नाटकों में जनता के लिए मनोरंजन तथा उपदेश दोनों की सामग्री रखी । भारतेन्दु ने 'वैदिकी हिंसा हिंसा न भवति', 'अन्धेर-नगरी', 'विषस्य विषमौषधम्', 'प्रेम-जोगिनी' आदि प्रहसन भी इसी उद्देश्य से लिखे । लाला श्रीनिवासदास के नाटक रणधीर-प्रेममोहिनी की प्रस्तावना में भारतेन्दु ने सूत्रधार की भूमिका में कहलाया था, ''सचमुच नाटक के प्रचार से इस भूमि का बहुत-कुछ भला हो सकता है, क्योंकि यहाँ के लोग कौतुकी बड़े हैं, दिल्लगी से इन लोगों को जैसी शिक्षा दी जा सकती है वैसी और तरह से नहीं–तो मैं भी क्यों न कोई ऐसा नाटक खेलूँ जो आर्य लोगों के चरित्र का शोधक हो ।'' स्पष्ट है कि भारतेन्दु ने जनरुचि-परिष्कार हेतु अपने नाटक रचे ।

'भारत-दुर्दशा' में भारतेन्दुजी ने भारत के दुर्भाग्य का मार्मिक चित्रण किया है । इसमें भारत, भारतदुर्दैव, आशा, निर्लज्जता, भारत-सौभाग्य आदि को ही पात्र-रूप में प्रस्तुत किया गया है । सत्यानास, रोग, आलस्य, मदिरा, अन्धकार, डिसलायल्टी आदि को भारतदुर्दैव के सेनापति और सैनिक रूप में प्रस्तुत किया गया है । अत्यन्त दीन-हीन अवस्था को प्राप्त होने पर भी निर्लज्जता भारत या भारतवासियों को जीवित रखे हुए है अर्थात् भारतीय निर्लज्जतापूर्वक हीन जीवन बिता रहे हैं । आशा की धुँधली किरणें भी निराशा के घोर अन्धकार में सहारा प्रतीत होती हैं ।

भारतदुर्दैव भारत के बुरी तरह पीछे पड़ा हुआ है । वह राक्षस है जो भारत को अपना ग्रास बनाना चाहता है । सब को कौड़ी-कौड़ी के लिए मुहताज बनाना, भूख, गरीबी, मृत्यु, रोग-शोक, महँगाई, टैक्स, आलस्य, अपमान-कायर, काला, नीच सम्बोधन करके–खुशामद, कायरता आदि संकटों और दुर्गुणों से भारत को सर्वथा पंगु बना देना उसका लक्ष्य है । जो कुछ पढ़े-लिखे लोग देश और जाति के सुधार में संलग्न होते हैं उन्हें वह अंग्रेजी सरकार और हाकिमों के कोप का भाजन बनाता है । और डिसलायल्टी में पकड़वा देता है । जो भारतवासी भारत के विनाश-कार्य में जितना अधिक उसका साथ देता है वह उसे उतना ही बड़ा मैडल और खिताब दिलाता है ! सत्यानास इस दुर्दैव का फौजदार है । वह कहता है कि ''मैंने नाना वेश धारण करके इस समूचे देश को चौपट कर डाला है । अनेक धर्म और मत-मतान्तर फैलाकर भेदभाव और परस्पर कलह में सबको डुबा दिया । जात-पाँत, छुआछूत का भूत फैला दिया है, जयचन्द-जैसे देशद्रोही उत्पन्न करके भारत को परतन्त्र बना दिया, दुर्बल भारत को हलाकू, चंगेज, तैमूर आदि ने खूब लूटा-

पीटा ! सत्यानास भारतवासियों को मदिरा पिला-पिलाकर खराब कर रहा है ! बाल-विवाह, बहु-विवाह, ऊँच-नीच, फूट-कलह, विधवा-विवाह-निषेध, व्यभिचार, विलायत-गमन-निषेध, भूत-प्रेत आदि अन्धविश्वास और बुराइयाँ फैलाकर भारत को जर्जर बना डाला है ।'' सत्यानास कहता है : ''जब हिन्दुओं को खाने मात्र से काम, देश से कुछ काम नहीं । राज न रहा, पेंसन ही सही । रोजगार न रहा, सूद ही सही । 'सन्तोषं परम् सुखम्', रोटी ही को सराह-सराह के खाते हैं । उद्यम की ओर देखते ही नहीं ।'' इस प्रकार सन्तोष और निरुद्यमता ने भारत को बुरी तरह जकड़ लिया है । अपव्यय, अदालत, फैशन, रिश्वत ने देश की रही-सही दौलत का नाश कर डाला । देश के धन को सात समुद्र पार भगाकर ही छोड़ा ।

सत्यानास फौजदार ने फूट, डाह, लोभ, भय, स्वार्थपरता, पक्षपात, हठ, शोक, निर्बलता, कायरता, भेद-भाव आदि अपने दर्जनों दूतों को भारतीय जीवन में घुसा दिया । भेद-भाव ने सबको काई की तरह फाड़ दिया—भाषा, धर्म, चाल-व्यवहार, खान-पान में सब एक-दूसरे से कोसों दूर हो गए । भारत के दुर्भाग्य का अन्त कहाँ था ! अतिवृष्टि, अनावृष्टि, लाही, कीड़े, टिड्डीदल, पाला आदि प्राकृतिक प्रकोपों ने खेती उजाड़ दी....धन ही नहीं, अन्न का ही अभाव हो गया । अकाल-मृत्यु, भुखमरी, महामारी से भारत पीड़ित हो गया । धन, बल और विद्या सबकी हानि को गई । रोग, आलस्य, अज्ञान और मदिरापान ने भारतीयों को निकम्मा बना दिया । रोग, आलस्य और मदिरा आदि पात्रों के कथनों में जो हास्य-व्यंग्य का पुट है वह भारतेन्दु की लेखनी का एक चमत्कार ही कहना चाहिए । रोग कहता है, ''मेरा प्रभाव जगत्-विदित है । कुपथ्य का मित्र और पथ्य का शत्रु मैं ही हूँ ।....नजर, शाप, भूत, प्रेत, टोना, टनटन, देवी, देवता सब मेरे ही नामान्तर हैं । मेरी ही बदौलत ओझा, दरसनिए, सयाने, पंडित, सिद्ध लोगों को ठगते हैं । ह ह ! चुंगी की कमेटी सफाई करके मेरा निवारण करना चाहती है, यह नहीं जानती कि जितनी सड़क चौड़ी होगी उतने ही हम भी—'जस जस सुरसा बदन बढ़ावा, तासु दून कपि रूप दिखावा' ।''

भारतेन्दु की विचारधारा को परम्परापन्थी बताने वाले आलोचकों को जानना चाहिए कि भारतेन्दु सचमुच प्रगतिशील और अपने युग से आगे की टोह लेने वाले प्रबुद्ध साहित्यकार थे । बाल-विवाह, बहु-विवाह, विधवा-विवाह-निषेध, विलायत-गमन-निषेध, ओझा, झाड़-फूँक, छुआछूत आदि बुराइयों और अन्ध-विश्वासों का पर्दाफाश करके उन्होंने सच्ची प्रगतिशीलता का परिचय दिया । चेचक आदि रोगों के लिए टीका का प्रचलन तब हुआ ही था और उसकी उपयोगिता पूरी तरह सिद्ध भी नहीं हो पाई थी कि भारतेन्दु ने उसके महत्त्व को समझ लिया था । रोग

कहता है, "मेरे शत्रु डॉक्टर और विद्वान् इसी विस्फोटक के नाश का उपाय टीका लगाना आदि कहेंगे तो भी ये सब उसको शीतला (माता या देवी-देवता) के डर से न मानेंगे और उपाय आछत अपने हाथ प्यारे बच्चों की जान लेंगे।"

आलस्य जो गजल गाता है और जो कुछ कहता है उसके एक-एक शब्द में हास्य-व्यंग्य का पुट है। उस युग में मदिरापान करने वाले अपने समर्थन में वेदों का हवाला देते थे। मदिरा का यह कथन कितना व्यंग्य-व्यंजनापूर्ण है : "भगवान सोम की मैं कन्या हूँ। प्रथम वेदों ने मधु नाम से मुझे आदर दिया। फिर देवताओं की प्रिया होने से मैं सुरा कहलाई और मेरे प्रचार हेतु श्रौत्रामणि यज्ञ की सृष्टि हुई। तन्त्र तो केवल मेरे ही हेतु बने। संसार में चार मत बहुत प्रबल हैं, हिन्दू, बौद्ध, मुसलमान, और क्रिस्तान। इन चारों में मेरी चार पवित्र प्रेममूर्ति विराजमान हैं—सोमपान, बीराचमन, शराबुंतहूरा और बापटैजिंग वाइन। भला कोई कहे तो इनको अशुद्ध।"

कोई कहता है कि शराब पिए बिना उसकी लेखनी नहीं चलती, कोई कहता है कि मदिरा के ही बल पर वकालत चलती है। इन पंक्तियों का मार्मिक हास्य-व्यंग्य देखिए :

मद पी विधि जग को करत, पालत हरि करि पान।
मद्यहि पी कै नाश सब, करत शंभु भगवान्॥
विष्णु वारुणी, पोर्ट पुरुषोत्तम, मद्य मुरारि।
शांपिन शिव, गौड़ी गिरीश, ब्राण्डी ब्रह्म बिचारि॥

'भारत-दुर्दशा' के पाँचवें अंक में भारतेन्दु जी ने उस युग के सभ्यगणों की मनःस्थिति का बड़ा सजीव चित्रण किया है। भारत का उद्धार चाहने वाले प्रबुद्ध लोगों को किस प्रकार अंग्रेजी सरकार और हाकिमों का डर बना रहता था कि कहीं डिसलायल्टी के अभियोग में पकड़ न लिया जाए, यह बात सभ्यों की मीटिंग से स्पष्ट होती है। बंगाली महाशय एकजुट होकर सक्रिय संघर्ष करने का पक्षपाती है। वह कहता है, "देखो, हमारा बंगाल में इस (भारतदुर्दैव का) अनेक उपाय शाधन होते हैं।....कोई थोड़ी बी बात होती हम लोग मिल के बड़ा गोल करते। गवर्नमेंट तो केवल गोलमाल से भय खाता। और कोई नहीं शोनता। ओ हुआँ का अखबार वाला सब एक बार ऐसा शोर करता कि गवर्नमेंट को अलबत्त शुनने होता। किन्तु हेयाँ, हम देखते हैं कोई कुछ नहीं बोलता।"

एडीटर महोदय भारतदुर्दैव का प्रतिकार करने के लिए जो कागजी उपाय बताता है, उससे हँसी आए बिना नहीं रहती। वह कहता है : "हमने एक दूसरा उपाय सोचा है, ऐडूकेशन की एक सेना बनाई जाय। कमेटी की फौज। अखबारों के

शस्त्र और स्पीचों के गोले मारे जाएँ ।''

देशी बाबू अंग्रेज हाकिमों से बुरी तरह डरे हुए हैं । एक कहता है, ''क्यों भाई साहब, इस कमेटी में आने से कमिश्नर हमारा नाम तो दरबार से खारिज न कर देंगे ?'' पर बंगाली बाबू स्पष्ट शब्दों में कहता है कि अंग्रेज राज्य को उखाड़ना नहीं चाहते, केवल अपना उद्धार चाहते हैं । पर अंग्रेज़ हाकिम उन्हें कब छोड़ने वाले थे ! डिसलायल्टी उन्हें पकड़ ले जाती है । बंगाली धर-पकड़ का विरोध करता है । देशी बाबू डरकर टेबुल के नीचे छुपने लगते हैं । इस प्रकार भारतेन्दु ने इस अंक में भारत के शिक्षित समुदाय की मनःस्थिति का एक यथार्थ चित्र उपस्थित किया है । अंग्रेजी हुकूमत की इससे उत्तम मीठी आलोचना क्या हो सकती थी ! बंगाली पूछता है कि उनका अपराध क्या है ? किस कानून के तहत उन्हें पकड़ा जा रहा है ? डिसलायल्टी बताती है कि इंगलिश पॉलिसी और हाकिमेच्छा ही यहाँ कानून है । वह कहती है, ''हम क्या करें, गनर्वमेंट की पॉलिसी यही है । 'कवि वचन सुधा' नामक पत्र (भारतेन्दु द्वारा संचालित) में गवर्नमेंट के विरुद्ध कौन बात थी ? फिर क्यों उसे पकड़ने को हम भेजे गए ?''

इस प्रकार 'भारत-दुर्दशा' में भारतेन्दु जी ने राष्ट्र प्रेम और समाज-सुधार की प्रबल आकांक्षा व्यक्त की है । भारतेन्दु और उनके सहयोगियों ने कांग्रेस के स्वदेशी आन्दोलन से 40-50 वर्ष पूर्व स्वदेशी का प्रचार किया । निज भाषा, निज ग्रन्थ, निज खान-पान, वेशभूषा, निज धर्म पर वे सदा बल देते रहे । पाश्चात्य संस्कृति की बाढ़ को रोकने के लिए उन्होंने स्वदेशी की आवाज बुलन्द की । 'भारत-दुर्दशा' में भी महाराष्ट्री महाशय कहता है, ''तो सार्वजनिक सभा का स्थापन करना, कपड़ा बीनने की कल मँगानी, हिन्दुस्तानी कपड़ा पहनना यह भी सब उपाय है (भारतदुर्दैव के प्रतिकार का) ।''

इस प्रकार भारतेन्दु जी ने भारत-दुर्दशा में अपनी देश-प्रेम और देशोत्थान की महती आकांक्षा प्रकट की है । अन्त में भारतभाग्य द्वारा अचेत और संज्ञाशून्य मूढ़ भारत को जगाने का प्रयत्न किया गया है । भारतभाग्य खिन्न है कि जो भारत वीरता, ज्ञान, सांस्कृतिक उच्चता, धन-बल में संसार-शिरोमणि था, वही आज दीन-हीन बना अचेत पड़ा है । निम्न पंक्तियों से भारतेन्दु ने भारत के स्वाभिमान को जगाने का मार्मिक प्रयास किया है :

हाय पंचनद हा पानीपत ।
अजहुँ रहे तुम धरनि विराजत ॥
हाय चितौर निलज तू भारी ।
अजहुँ खरो भारतहिं मँझारी ॥

जा दिन तुव अधिकार नसायो ।
सो दिन क्यों नहिं धरनि समायो ।।

पर जब भारत को जगाने के उसके सब प्रयत्न विफल हो जाते हैं तो वह आत्मघात कर लेता है । यह नाट्यान्त अत्यन्त शोकप्रद है । भारतेन्दुजी भारतीयों के मन को शोक का झटका देने में पूर्ण सफल हुए हैं । वैसे भारतेन्दु की रचनाओं में अतीत-गर्व, वर्तमान दुर्दशा पर क्षोभ और खिन्नता तथा भविष्य के लिए आशा और कल्याण-कामना व्यक्त हुई है । इस दृष्टि से 'भारत-दुर्दशा' भविष्य के प्रति निराशा का-सा भाव उत्पन्न करने वाली करुणान्त कृति है ।

'भारत-जननी' नाटक भी राष्ट्रीय भावना और जाति-उत्थान-कामना से ओतप्रोत है । उसमें भी भारतमाता को पात्र बनाया गया है और भारतमाता के सन्तान के रूप में कुछ अन्य पात्रों की अवतारणा करके भारतमाता की दीन-हीन दशा को दर्शाया गया है ।

भारतेन्दु ने अपनी कुछ व्यंग्यप्रधान नाट्य-कृतियों में समाज की विकृतियों का पर्दाफाश करके समाज-जाति-सुधार का प्रयास किया है । 'वैदिकी हिंसा हिंसा न भवति', 'प्रेम-जोगिनी', 'पाखंड विडम्बना', 'विषस्य विषमौषधम्' आदि ऐसी ही कृतियाँ हैं । 'प्रेम-जोगिनी' में काशी के निठल्ले, दुश्चरित्र, मद्यप और आलसी पंडे-पुरोहित तथा दुश्चरित्र व्यक्ति भारतेन्दु जी का लक्ष्य बने हैं । काशी की दुर्दशा का सजीव वर्णन निम्न पंक्तियों में द्रष्टव्य है :

देखी तुमरी कासी, लोगो देखी तुमरी कासी ।

....

आधी कासी भांड-भंडेरिया ब्राह्मण औ संन्यासी ।
आधी कासी रंडी मुंडी राँड खानगी खासी ।।
लोग निकम्मे भंगी गंजड़ लुच्चे बे-बिसवासी ।
महा आलसी झूठे शुहदे बे-फिकरे बदमासी ।

....

साहब के घर दौड़े जावैं चंदा देहिं निकासी ।
चढ़ै बुखार नाम मंदिर का सुनतहि होय उदासी ।।
घर की जोरू लड़के भूखे बने दास औ दासी ।
दाल की मंडी रंडी पूजैं मानो इनकी मासी ।।

'अन्धेर-नगरी' में जहाँ विवेकहीन राजा, मूर्ख प्रजा, हाकिम-मन्त्री आदि की खिल्ली उड़ाई गई है, वहीं साथ ही भारतेन्दु ने रिश्वतखोर अफसरों, सूदखोर महाजनों, भारत-शोषक अंग्रेजों और भ्रष्ट पुलिसवालों को भी चूरनवाले की निम्न

व्यंग्योक्तियों में फटकारा है :

चूरन अमले सब जो खावैं । दूनी रिश्वत तुरत पचावैं ॥
चूरन सभी महाजन खाते । जिससे जमा हजम कर जाते ॥
चूरन साहब लोग जो खाता । सारा हिन्द हजम कर जाता ॥
चूरन पुलिसवाले खाते । सब कानून हजम कर जाते ॥

टके पर अपनी जात, धर्म, ईमान, आचरण बेच देने वाले जातवाले (ब्राह्मण) की स्वीकारोक्ति में जबरदस्त व्यंग्य भरा है : ''जात ले जात, टके सेर जात । एक टका दो हम अभी अपनी जात बेचते हैं ।....टके के वास्ते झूठ को सच करें । टके के वास्ते ब्राह्मण से मुसलमान, टके के वास्ते हिन्दू से क्रिस्तान । टके के वास्ते धर्म और प्रतिष्ठा दोनों बेचें, टके के वास्ते झूठी गवाही दें ।....वेद, धर्म, कुल-मर्यादा, सचाई-बड़ाई सब टके सेर ।''

भारतेन्दु की राष्ट्रीयता मुख्यतः उस युग की हिन्दू राष्ट्रीयता थी । अपने ऐतिहासिक गीति-रूपक 'नीलदेवी' में भारतेन्दु ने इस्लाम को छल-बल से फैलाने का दावा करने वाले धर्मान्ध मुसलमानों, अधर्मपूर्ण युद्ध-नीति अपनाने वाले विलासी मुस्लिम शासकों, अत्याचारों के बल पर इस्लाम का डंका बजाने वाले और सफलता के लिए खुदा का शुक्र बजा लाने वाले काज़ी और सरदारों को आड़े हाथों लिया है । इस रचना में भी भारत की दुर्दशा का मार्मिक वर्णन हुआ है । राजा सूर्यदेव को असहाय अवस्था में यवनों की कैद में मूर्च्छित पड़ा देखकर एक देवता भारतवासियों की असमर्थता, आलस्य, स्वाभिमानहीनता, कायरता, विदेशियों की चापलूसी आदि बुराइयों की भर्त्सना करता हुआ कहता है :

तजि सुपथ सबहि जन करिहैं कुपथ विलासा ।
अब तजहु वीर-वर भारत की सब आसा ॥
अपनी सब वस्तु कहँ लखिहैं सबहिं पराई ।
निज चाल छोड़ि गहिहैं औरन की धाई ॥
तुरकन हित करिहैं हिन्दू संग लराई ।
यवनन के चरनहिं रहिहैं सीस चढ़ाई ॥

हिन्दू धर्म-रक्षा की बलवती भावना उस युग के लेखकों में विद्यमान थी । इस नाटक में राजा सूर्यदेव की वीरता और धर्म-रक्षा का वृत्तान्त सुनाता हुआ बसन्त (पागल) कहता है, ''कल उन दुष्ट यवनों ने महाराजा से कहा कि तुम जो मुसलमान हो जाओ तो हम तुमको अब भी छोड़ दें ।'' महाराज ने लोहे के पिंजड़े में से उसके मुँह पर थूक दिया और क्रोध करके कहा कि ''दुष्ट ! हमको पिंजड़े में बन्द और परवश जानकर ऐसी बात कहता है ! क्षत्री कहीं प्राण के भय से दीनता

स्वीकार करते हैं । तुझ पर थू और तेरे मत पर थू !''

'विषस्य विषमौषधम्' भारतेन्दु जी का हास्य-व्यंग्य-प्रधान भाण है जिसमें भारतेन्दु ने कुलीनता और राजवर्ग के नैतिक पतन का मजाक उड़ाया है ।

भारतेन्दु पर संस्कृत नाटककार कृष्ण मिश्र के 'प्रबोधचन्द्रोदय' की प्रतीक शैली का भी काफी प्रभाव पड़ा था । 'भारत-दुर्दशा' में निर्लज्जता, सत्यानास, भारतदुर्दैव, रोग, आलस्य आदि अमूर्त्त मनोवृत्तियों और विकृतियों की प्रतीकात्मक पात्रता उसी अनुकरण का परिणाम है । भारतेन्दु ने 'पाखंड-विडम्बना' नामक रचना को तो 'प्रबोधचन्द्रोदय' का ही खंडरूपान्तर बताया है । इस नाटक में भी भारतेन्दु जी ने ढोंगियों और पाखंडियों का पर्दाफाश किया है । इसमें श्रमण, दिगम्बर, क्षपणक, कापालिका आदि विभिन्न मत-मतांतशरों और संप्रदायों के ढोंगी लोगों और धर्म-ध्वजियों की विकृत मनोवृत्तियों पर प्रहार किया है । उपर्युक्त यथार्थ पात्रों के अतिरिक्त शान्ति, करुणा आदि मनोवृत्तियों का पात्रीकरण या मानवीकरण किया गया है । बौद्ध-जैन आदि धर्म-ध्वजियों को पर्दे की आड़ में मांस-मदिरा, व्यभिचार में रत दिखाकर उनके पाखंड पर करारी चोट की गई है ।

भारतेन्दु ने अपने हास्यपूर्ण एकांकी या प्रहसन और 'भारत-दुर्दशा', 'भारत-जननी' आदि गम्भीर नाटक ही नहीं, 'सत्य हरिश्चन्द्र', 'धनंजय-विजय', 'दुर्लभबन्धु' आदि पौराणिक और रूपान्तरित गम्भीर नाटक भी शिक्षा और सुधार के उद्देश्य से ही लिखे थे । पौराणिक रूपान्तरित 'सत्य हरिश्चन्द्र' के उपक्रम में भारतेन्दु ने लिखा है : ''इस भारतवर्ष में उत्पन्न और इन्हीं हम लोगों के पूर्व पुरुष महाराज हरिश्चन्द्र भी थे । यह समझकर इस नाटक के पढ़ने वाले कुछ अपना चरित्र सुधारेंगे तो कवि का परिश्रम सफल होगा ।''' धनंजय-विजय' में महाभारत का पांडवों के अज्ञातवास का प्रसंग नाट्यबद्ध किया गया है जो अर्जुन की वीरता, धर्म-रक्षा, अतीत-गौरव की प्रेरणा देने वाला है । इस प्रकार भारतेन्दु की रचनाओं की प्रेरणा और उद्देश्य जातीय नवोत्थान था, इसमें सन्देह नहीं ।

नाट्य-शिल्प

भारतेन्दु अपने युग के नाटककार और रंगकर्मी ही नहीं थे अपितु नाट्य-आचार्य भी कहे जा सकते हैं । उन्होंने 'नाटक' नामक अपने निबन्ध-प्रबन्ध में इस विधा का शास्त्रीय विवेचन किया है । प्राचीन भारतीय शास्त्रीय मान्यताओं को स्वीकारते हुए भी उनका दृष्टिकोण व्यापक रहा है । उन्होंने एक आचार्य के नाते नाट्य-भेदों का सटीक प्रतिपादन ही नहीं किया, अपितु लेखकों को इस क्षेत्र में नए-नए प्रयोग करने का आह्वान भी किया और स्वयं अपनी कृतियों द्वारा नाटक के भिन्न-भिन्न

रूपों का उद्घाटन किया। भारतेन्दु ने 'विद्या-सुन्दर', 'सत्य हरिश्चन्द्र', 'मुद्राराक्षस' आदि को नाटक, 'रत्नावली' को नाटिका, 'पाखंड-विडम्बना' को रूपक, 'अन्धेर नगरी' को प्रहसन, 'विषस्य विषमौषधम्' को भाण, 'धनंजय-विजय' को व्यायोग, 'कर्पूर-मंजरी' को सट्टक, 'नीलदेवी' को गीति-रूपक, 'भारत-जननी' को ओपेरा और 'भारत-दुर्दशा' को नाट्य-रासक या लास्य-रूपक का रूप प्रदान कर हिन्दी में नाटक के भिन्न-भिन्न रूप-निर्माण का मार्ग प्रशस्त किया। इस नाट्य-वर्गीकरण और शिल्प-विधान में भी भारतेन्दु अतीत और वर्तमान के सन्धि-स्थल पर खड़े थे। प्राचीन शास्त्रीय मान्यताओं के प्रति उनकी आस्था थी, पर साथ ही नवीनता का उत्साह बना था। अत: न तो उन्होंने प्राचीन का अन्धानुकरण किया और न ही नवीनता के रंग में बिना सोचे-समझे रँगे जाना स्वीकार किया।

विषयगत एवं शैलीगत विविधता भारतेन्दु की नाट्य-कला की महती विशेषता है। प्रवृत्ति की दृष्टि से जातीय एवं राष्ट्रीय होते हुए भी भारतेन्दु के नाटक विषय-वैविध्य के परिचायक हैं। उन्होंने सभी प्रकार के—ऐतिहासिक (नीलदेवी), सामाजिक (पाखंड-विडम्बना आदि), राष्ट्रीय (भारत-दुर्दशा, भारत-जननी), पौराणिक (सती प्रताप, सत्य-हरिश्चन्द्र आदि), हास्यव्यंग्य-प्रधान प्रहसन (अन्धेर नगरी आदि), प्रेम-प्रधान (चन्द्रावली), बँगला-अंग्रेजी-संस्कृत-प्राकृत से अनूदित व मौलिक नाटक, प्रहसन, एकांकी, भाण, व्यायोग, रूपक आदि लिखकर भारतेन्दु ने हिन्दी नाट्य-सृजन का वास्तविक नेतृत्व किया। इसमें सन्देह नहीं कि सामाजिक-राष्ट्रीय समस्याओं को गहराई से पकड़ने की दृष्टि भारतेन्दु और उनके सहयोगियों में नहीं थी, अतीत-गौरव का स्मरण और वर्तमान अधोगति की खिन्नता का स्वर ही ऊँचा रहा, तथापि समाज की अनेक बुराइयों की आलोचना तथा सत्याचरण आदि उदात्त वृत्तियों का आदर्श प्रस्तुत किया गया।

भारतेन्दु की नाट्य-कला अधिकतर संस्कृत नाट्य-शास्त्र से प्रभावित रही पर पाश्चात्य स्वच्छन्दता भी उनके 'नीलदेवी', 'दुर्लभबन्धु' आदि में दिखाई देती है। रंगमंच की व्यावहारिकता का ध्यान होने के कारण भारतेन्दु ने दृश्य-विधान सरल रखा है। भाषा की सरलता, रोचकता, हास्य-व्यंग्य भावरसपूर्णता आदि विशेषताएँ इनके नाटकों को सर्वसाधारण के मनोरंजन की उत्तम रचनाएँ सिद्ध करती हैं। पारसी रंगमंच की सस्ते-भद्दे मनोरंजन के जवाब में ये नाटक जनता की रुचिपरिष्कार के साधन बने। मनोरंजन के साथ-साथ इनसे शिक्षा भी मिली। भारतेन्दु ने ही सर्वप्रथम खरी हिन्दी भाषा के प्रयोग की क्षमता दिखाई। पद्य-भाग ब्रजभाषा में ही रहा, पर भारतेन्दु की ब्रजी भी सरल है और खड़ी बोली के अधिक निकट आई। उन्होंने पद्य का प्रयोग संवादों में भी कुछ-कुछ किया और बीच-बीच में

गीत भी खूब रखे हैं। खड़ी बोली के परिष्कार का श्रेय तो उन्हें प्राप्त है ही। उन्होंने न तो हिन्दी को संस्कृत से बोझिल किया और न अरबी-फारसी का विदेशी लबादा उस पर लादा। सचमुच अपनी भाषा की प्रकृति से वे वाकिफ थे।

पर विषय-वैविध्य, रूप-विधा की अनेकरूपता, राष्ट्रीय भावना, समाज-सुधार, अभिनयोपयोगिता, हास्य-व्यंग्य आदि उपर्युक्त विशेषताएँ होते हुए भी भारतेन्दु और उनके नाट्य-साहित्य का जितना ऐतिहासिक महत्त्व है, उतना कलागत साहित्यिक महत्त्व नहीं है। वे हमारे नाट्य-प्रवर्त्तक थे, युग-प्रवर्त्तक साहित्य-नेता थे, हिन्दी नाटक और रंगमंच के जनक थे, इसमें सन्देह नहीं। पर उनका समस्त प्रयास मुख्यतः प्रयोगात्मक था। नाट्य-कला की प्रौढ़ता वे अपनी रचनाओं में नहीं ला सके। जीवन की यथार्थ समस्याओं का अंकन भले ही वे कर पाए हों, पर जीवन की यथार्थ घटनाओं का चयन, यथार्थ पात्रों की अवतारणा, मानव-मनोविज्ञान की गूढ़ता और सूक्ष्मता, चरित्र-चित्रण की सजीवता आदि कला-सम्बन्धी विशेषताएँ उनके नाटकों में नहीं आ पाईं। कुछ आलोचक यह कहकर सन्तोष कर लेते हैं कि उस युग में इतना ही काफी था। इसमें सन्देह नहीं कि प्रवर्त्तक के नाते हिन्दी जगत् भारतेन्दु का सदैव ऋणी रहेगा, पर यदि भारतेन्दु कला की प्रौढ़-सिद्धि का भी ध्यान रखते तो सोने में सुहागे वाली बात चरितार्थ होती। सच तो यह है कि भारतेन्दु को कालदेवता ने अधिक समय ही नहीं दिया, बहुत शीघ्र साहित्य-मंच से उनका अपहरण कर लिया। काश ! कि वे इतनी अल्पायु में स्वर्ग न सिधारते ! उनकी आयु, उनके कार्य-काल को देखते उनकी देन अद्‌भुत है। कलात्मक अभाव वस्तुतः उनके अस्तित्व का ही अभाव है। जब आयु की प्रौढ़ता से उन्हें वंचित रह जाना पड़ा तो वे कला की प्रौढ़ता की चिन्ता क्यों करते !

झारी विला **–डॉ॰ कृष्णदेव झारी**
33/1, भूल भुल्लैयाँ रोड
महरौली, नई दिल्ली-110030

नीलदेवी

नीलदेवी

ऐतिहासिक गीतिरूपक

'गर्ज गर्ज क्षणं मूढ मधु यावत्पिबाम्यहं ।
मया त्वयि हतेऽत्रैव गर्जिष्यन्त्याशु देवताः ।।'
'त्रैलोक्यमिन्द्रो लभतां देवाः सन्तु हविर्भुजः ।
यूयं प्रयात पातालं यदि जीवितुमिच्छथ ।।'
'इत्थं यदा यदा बाधा दानवोत्था भविष्यति ।
तदातदाऽवतीर्याहं करिष्याम्यरिसंक्षयम् ।।'
'स्त्रियः समस्ताः सकलाः जगत्सु त्वयैकया पूरितमम्बमेतत्'

(दुर्गापाठ)

"For the kiss she gave him was his first and last."
Kiss of dagger, driven to his heart and past.
At her feet he wallowed, choked with wicked blood.
In his breast the katar quivered where it stood.
At the hilt his fingers vainly wildly try.
Then they stiffen feeble; die ! Thou slayer die !
From his jewelled scabbard drew the shureef's sword,
Cut at vein the neck-bone of the Muslim lord,
Underneath, the star-light sooth a sight of dread !
Like the Goddess Kali, comes she with the head.
Comes to where her brothers guard their murdered Chief;
All the camp is silent but the night is brief
At his feet she flings it, flings her burden vile;
"Suraj! I keep my promise ! Brothers build the pile".

मातृ-भगिनी-सखी-तुल्या आर्य ललनागण !

आज बड़ा दिन है । क्रिस्तान लोगों का इससे बढ़कर कोई आनन्द का दिन नहीं है । किन्तु मुझको आज उल्टा और दुःख है । इसका कारण मनुष्य स्वभाव-सुलभ ईर्ष्या मात्र है । मैं कोई सिद्ध नहीं कि रागद्वेष से विहीन हूँ । जब मुझे अंग्रेजी रमणी लोग मेदसिंचित केशराशि, कृतृम (कृत्रिम) कुंतलजूट, मिथ्या रत्नाभरण और विविध-वर्ण वसन से भूषित, क्षीण कटि देश कसे, निज-निज पतिगण के साथ, प्रसन्न वदन इधर से उधर फर-फर कल की पुतली की भाँति फिरती हुई दिखलाई पड़ती हैं तब इस देश की सीधी-सीधी स्त्रियों की हीन अवस्था मुझको स्मरण आती है और यही बात मेरे दुःख का कारण होती है । इससे यह शंका किसी को न हो कि मैं स्वप्न में भी यह इच्छा करता हूँ कि इन गौरांगी युवती-समूह की भाँति हमारी कुल-लक्ष्मीगण भी लज्जा को तिलांजलि देकर अपने पति के साथ घूमें; किन्तु और बातों में जिस भाँति अंग्रेज स्त्रियाँ सावधान होती हैं, पढ़ी-लिखी होती हैं, घर का काम-काज सँभालतीं हैं, अपने सन्तानगण को शीक्षा (शिक्षा) देती हैं; अपना स्वत्व पहचानती हैं, अपनी जाति और अपने देश सम्पत्ति-विपत्ति को समझती हैं, उसमें सहाय देती हैं, और इतने समुन्नत मनुष्य जीवन को व्यर्थ ग्रह (गृह) दास्य और कलह ही में नहीं खोतीं, उसी भाँति हमारी गृह देवता भी वर्तमान हीनावस्था का उल्लंघन करके कुछ उन्नति प्राप्त करें, यही लालसा है । इस उन्नति पथ की अवरोधक हम लोगों की वर्तमान कुल-परम्परा मात्र है और कुछ नहीं है । आर्यजन मात्र को विश्वास है कि हमारे यहाँ सर्वदा स्त्रीगण इसी अवस्था में थीं । इस विश्वास के भ्रम को दूर करने ही के हेतु यह ग्रन्थ विरचित होकर आप लोगों के कोमल कर-कमलों में समर्पित होता है । निवेदन यही है कि आप लोग इन्हीं पुण्यरूप स्त्रियों के चरित्र को पढ़ें-सुनें और क्रम से यथाशक्ति अपनी वृद्धि करें ।

–ग्रन्थकर्ता

नाटकस्थ पात्र

सूर्यदेव	:	पंजाब प्रान्त का राजा ।
सोमदेव	:	सूर्यदेव का पुत्र ।
अब्दुश्शरीफ़ खाँ सूर	:	दिल्ली के बादशाह का सिपहसालार ।
बसन्त	:	पागल बना हुआ महाराज सूर्यदेव का नौकर ।
पण्डित विष्णु शर्मा	:	मौलवी के भेष में राजा का पण्डित ।
नीलदेवी	:	महाराज सूर्यदेव की रानी ।

चपरगट्टू और पीकदान अली दो मुफ्तखोर ।
देवासिंह इत्यादि सिपाही, राजपूत सरदार ।
मुसलमान, मुसाहिब, काज़ी, भटियारी, देवता, अप्सरा इत्यादि ।

पहला दृश्य

स्थान : हिमगिरि का शिखर

[तीन अप्सरा गान करती हुई दिखाई देती हैं]

अप्सरागण : *(झिंझौटी जल्द तिताला)*

धन धन भारत की छत्रानी ।
वीरकन्यका वीरप्रसविनी वीरवधू जग जानी ।।
सती सिरोमनि धरमधुरन्धर बुधि बल धीरज खानी ।
इनके जस की तिहूँ लोक में अमल धुजा फहरानी ।।
सब मिलि गाओ प्रेम बधाई ।
यह संसार रतन इक प्रेमहिं और बादि चतुराई ।।
प्रेम बिना फीकी सब बातैं कहहु न लाख बनाई ।
जोग ध्यान जप तप ब्रत पूजा प्रेम बिना बिनसाई ।।
हाव भाव रस रंग रीति बहु काव्य केलि कुसलाई ।
बिना लोन बिंजन सो सबही प्रेम रहित दरसाई ।।
प्रेमहि सो हरिहू प्रगटत हैं जदपि ब्रह्म जगराई ।
तासों यह जग प्रेमसार है और न आन उपाई ।।

[पटाक्षेप]

दूसरा दृश्य

स्थान : युद्ध के डेरे खड़े हैं

[एक शामियाने के नीचे अमीर अब्दुश्शरीफ खाँ सूर बैठा है और मुसाहिब लोग इर्द-गिर्द बैठे हैं]

शरीफ : *(एक मुसाहिब से)* अब्दुस्समद ! खूब होशियारी से रहना। यहाँ के राजपूत बड़े काफिर हैं। इन कमबख्तों से खुदा बचाए। *(दूसरे मुसाहिब से)* मलिक सज्जाद ! तुम शब के पहरों का इन्तजाम अपने जिम्मे रक्खो, ऐसा न हो कि सूरजदेव शबेखून मारे। *(काजी से)* काजी साहब ! मैं आपसे क्या बयान करूँ, वल्लाह ! सूरजदेव एक ही बदबला है। इहातए पंजाब में ऐसा बहादुर दूसरा नहीं।

काजी : बेशक हुजूर ! सुना गया है कि वह हमेशा खेमों में ही रहता है। आसमान शामियाना और ज़मीन ही उसे फर्श है। हजारों राजपूत उसे हर वक्त घेरे रहते हैं।

शरीफ : वल्लाह ! तुमने सच कहा, अजब बदकिरदार से पाला पड़ा है, जान तंग है। किसी तरह यह कमबख्त हाथ आता तो और राजपूत खुद-बखुद पस्त हो जाते।

एक मुसाहिब : खुदाबन्द ! हाथ आना दूर रहा उसके खौफ से अपने खेमे में रहकर भी खाना-सोना हराम हो रहा है।

शरीफ : कभी उस बेईमान से सामने लड़कर फतह नहीं मिलनी है। मैंने तो अब जी में ठान ली है कि मौका पाकर एक शब उसको सोते हुए गिरफ्तार कर लाना। और अगर खुदा को इस्लाम की रोशनी का जिल्वा हिन्दोस्तान जुल्मत निशान में दिखलाना मंजूर है तो बेशक मेरी मुराद बर आएगी।

काजी : इंशा अल्लाह तआला।

शरीफ : कसम है कलामे शरीफ की, मेरी खुराक आगे से इस तफक्कुर में आधी हो गई है। *(सब लोगों से)* देखो, अब मैं सोने जाता हूँ, तुम सब लोग होशियार रहना।

[गजल]

(उठकर सब की तरफ देखकर)

इस राजपूत से रहो हुशियार खबरदार।
गफलत न जरा भी हो खबरदार खबरदार ॥
ईमाँ की कसम दुश्मने जानी है हमारा।
काफिर है ये पंजाब का सरदार खबरदार ॥
अजदर है भभूका है जहन्नुम है बला है।
बिजली है गजब इसकी है तलवार खबरदार ॥
दरबार में वह तेगे शररबार न चमके।
घरबार से बाहर से भी हर बार खबरदार ॥
इस दुश्मने ईमाँ को है धोखे से फँसाना।
लड़ना न मुकाबिल कभी जिनहार खबरदार ॥

(सब जाते हैं)

[पटाक्षेप]

तीसरा दृश्य

स्थान : पहाड़ की तराई

[राजा सूर्यदेव, रानी नीलदेवी और चार राजपूत बैठे हैं]

सूर्यदेव : कहो भाइयो, इन मुसलमानों ने तो अब बड़ा उपद्रव मचाया है ।

पहला राजपूत : तो महाराज ! जब तक प्राण हैं तब तक लड़ेंगे ।

दूसरा राजपूत : महाराज ! जय-पराजय तो परमेश्वर के हाथ है परन्तु हम अपना धर्म तो प्राण रहे तक निबाहेंगे ।

सूर्यदेव : हाँ-हाँ, इसमें क्या सन्देह है । मेरा कहने का मतलब यह है कि सब लोग सावधान रहें ।

तीसरा राजपूत : महाराज ! सब सावधान हैं । धर्म-युद्ध में तो हमको जीतने वाला कोई पृथ्वी पर नहीं है ।

नीलदेव : पर सुना है कि ये दुष्ट अधर्म से बहुत लड़ते हैं ।

सूर्यदेव : प्यारी ! वे अधर्म से लड़ें, हम तो अधर्म नहीं न कर सकते । हम आर्यवंशी लोग धर्म छोड़कर लड़ना क्या जानैं ? यहाँ तो सामने लड़ना जानते हैं । जीतैं तो निज भूमि का उद्धार और मरैं तो स्वर्ग । हमारे तो दोनों हाथ लड्डू हैं; और यश तो जीतैं तो भी हमारे साथ है और मरैं तो भी ।

चौथा राजपूत : महाराज ! इसमें क्या संदेह है, और हम लोगों को

एकाएक अधर्म से भी जीतना कुछ दाल–भात का गस्सा नहीं है ।

नीलदेवी : तो भी इन दुष्टों से सदा सावधान ही रहना चाहिए । आप लोग सब तरह चतुर हो, मैं इसमें विशेष क्या कहूँ, स्नेह कुछ कहलाए बिना नहीं रहता ।

सूर्यदेव : *(आदर से)* प्यारी ! कुछ चिन्ता नहीं है । अब तो जो कुछ होगा देखा ही जाएगा न । *(राजपूतों से)*

सावधान सब लोग रहहु सब भाँति सदाहीं ।
जागत ही सब रहैं रैनहूँ सोअहिं नाहीं ।।
कसे रहैं कटि रात दिवस सब बीर हमारे ।
अस्व पीठ सो होंहिं चारजामें जिनि न्यारे ।।
तोड़ा सुलगत चढ़े रहैं घोड़ा बंदूकन ।
रहैं खुली ही म्यान प्रतंचे नहिं उतरें छन ।।
देखि लेहिंगे कैसे पामर जवन बहादुर ।
आवहिं तो चढ़ि सनमुख कायर कूर सबै जुर ।
दैहैं रन को स्वाद तुरंतहि तिनहिं चखाई ।
जो पै इक छन हूँ सनमुख ह्वै करहिं लराई ।।

[पटाक्षेप]

चौथा दृश्य

स्थान : सराय

[भटियारी, चपरगट्टू खाँ और पीकदान अली]

चपरगट्टू : क्यों भाई, अब आज तो जशन होगा न ? आज तो वह हिन्दू न लड़ेगा न ।

पीकदान : मैंने पक्की खबर सुनी है । आज ही तो पुलाव उड़ने का दिन है ।

चपरगट्टू : भई, मैं तो इसी से तीन-चार दिन दरबार में नहीं गया । सुना वे लोग लड़ने जाएँगे । मैंने कहा, जान थोड़ी ही भारी पड़ी है । यहाँ तो सदा भागतों के आगे मारतों के पीछे । जबान की तेग कहिए दस हजार हाथ झारूँ ।

पीकदान : भई, इसी से तो कई दिन से मैं भी खेमों की तरफ नहीं गया । अभी एक हफ्ता हुआ मैं उस गाँव में एक रवानगी है उसके यहाँ से चला आता था कि पाँच हिन्दुओं के सवारों ने मुझे पकड़ लिया और तुरक-तुरक करके लगे चपतियाने । मैंने देखा कि अब तो बेतरह फँसे मगर वल्लाह ! मैंने भी अपने कौम और दीन की इतनी मजम्मत और हिन्दुओं की इतनी तारीफ की कि उन लोगों को छोड़ते ही बन आई । ले, ऐसे मौके पर और

क्या करता ? मुसल्मानी के पीछे अपनी जान देता ?

चपरगट्टू : हाँ जी, किसकी मुसल्मानी और किसका कुफ्र ! यहाँ अपने माँड हलुए से काम है ।

भटियारी : तो मियाँ, आज जशन में जाना तो देखो मुझको भूल मत जाना । जो कुछ इनआम मिलै उसमें से भी कुछ देना । हाँ ! देखो, मैंने कई दिन खिदमत की है ।

पीकदान : जरूर–जरूर जान छल्ला ! यह कौन बात है । तुम्हारे ही वास्ते तो जी पर खेलकर यहाँ उतरे हैं । *(चपरगट्टू से कान में)* यह सुनिए जान झोकें हम माल चाभै बी भटियारी । यह नहीं जानतीं कि यहाँ इनकी ऐसी–हजारों चराकर छोड़ दी हैं ।

चपरगट्टू : *(धीरे से)* अजी कहने दो, कहने से कुछ दिए ही थोड़े देते हैं । भटियारी हो चाहे रंडी, आज तक तो किसी को कुछ दिया नहीं है, उल्टा इन्हीं लोगों का खा गए हैं । *(भटियारी से)* वाह जान साहिब ! तुम जब माँगोगी तब देंगे । रुपया–पैसा कौन चीज है, जान तक हाजिर है । जब कहो, गरदन काटकर सामने रख दूँ । *(खूब घूरता है)*

भटियारी : *(आँखे नचाकर)* तो मैं भी तो मियाँ की खिदमत से किसी तरह बाहर नहीं हौं ।

(दोनों गाते हैं)

पिकदाने चपरगट्टू है बस नाम हमारा ।
इक मुफ्त का खाना है सदा काम हमारा ।।
उमरा जो कहै रात तो हम चाँद दिखा दें ।
रहता है सिफारिश से भरा जाम हमारा ।।
कपड़ा किसी का खाना कहीं सोना किसी जा ।
गैरों ही से है सारा सरंजाम हमारा ।।
हो रंज जहाँ पास न जाएँ कभी उसके ।
आराम जहाँ हो है वहाँ काम हमारा ।।
जर दीन है कुरआन है ईमाँ है नबी है ।

जर ही मेरा अल्लाह है जर राम हमारा ॥

भटियारी : ले, मैं तो मियाँ के वास्ते खाना बनाने जाती हूँ।

पीकदान : तो चलो भाई, हम लोग भी तब तक जरा–'रहे लाखों बरस साकी तेरा आबाद मैखाना'।

चपरगट्टू : चलो।

[पटाक्षेप]

पाँचवाँ दृश्य

स्थान : सूर्यदेव के डेरे का बाहरी प्रांत

समय : रात्रि

[देवासिंह सिपाही पहरा देता हुआ घूमता है । नेपथ्य में गान]

(राग कलिंगड़ा)

सोओ सुख निंदिया प्यारे ललन ।
नैनन के तारे दुलारे मेरे बारे,
सोओ सुख निंदिया प्यारे ललन ।

भई आधी रात बन सनसनात,
पथ पंछी कोउ आवत न जात,
जग प्रकृति भई मुन थिर लखात,
पातहु नहिं पावत तरुन हलन ॥

झलमलत दीप सिर धुनत आय,
मनु प्रिय पतंग हित करत हाय,
सतरात अंग आलस जनाय,
सनसन लगी सीरी पवन चलन ॥

सोए जग के सब नींद घोर,
जागत कामी चिंतित चकोर,

बिरहिन बिरही पाहरू चोर,
इन कहँ छन रैनहूँ हाय कलन ॥

सिपाही : बरसों घर छूटे हुए। देखैं कब इन दुष्टों का मुँह काला होता है। महाराज घर फिर कर चलैं तो देस फिर से बसै। रामू की माँ को देखे कितने दिन हुए ! बच्चा की तो खबर तक नहीं मिली *(चौंककर ऊँचे स्वर से)* कौन है ? खबरदार जो किसी ने झूठमूठ भी इधर देखने का विचार किया है। *(साधारण स्वर से)* हाँ–कोई यह न जानै कि देवासिंह इस समय जोरू–लड़कों की याद करता है, इससे भूला है। छत्री का लड़का है। घर की याद आवै तो और प्राण छोड़कर लड़ै। *(पुकारकर)* खबरदार। जागते रहना।

(इधर–उधर फिरकर एक जगह बैठकर गाता है)

(राग कलिंगड़ा)

प्यारी बिन कटत न कारी रैन।
पल छिन न परत जिय हाय चैन ॥

तन पीर बढ़ी सब छुट्यो धीर,
कहि आवत नहिं कछु मुखहु बैन।
जिय तड़फड़ात सब जरत गात,
टप टप टपकत दुख भरे नैन ॥
परदेस परे तजि देस हाय,
दुख मेटन हारो कोउ है न।
सजि बिरह सैन यह जगत जैन,
मारत मरोरि मोहि पापी मैन ॥

प्यारी बिन कटत न कारी रैन।
पल छिन न परत जिय हाय चैन ॥

(नेपथ्य में कोलाहल)

कौन है ! यह कैसा शब्द आता है ! खबरदार।

(नेपथ्य में विशेष कोलाहल)

(घबड़ाकर) हैं, यह क्या है ? अरे, क्यों एक साथ इतना

कोलाहल हो रहा है ! बीरसिंह ! बीरसिंह ! जागो । गोविंद सिंह दौड़ो !

(नेपथ्य में बड़ा कोलाहल और मार-मार का शब्द । शस्त्र खींचे हुए अनेक यवनों का प्रवेश । अल्ला अकबर का शब्द । देवासिंह का युद्ध और पतन । यवनों का डेरे में प्रवेश)

[पटाक्षेप]

छठवाँ दृश्य

स्थान : अमीर का खेमा

[मसनद पर अमीर अब्दुश्शरीफ खाँ सूर बैठा है, इधर-उधर मुसलमान लोग हथियार बाँधे मोंछ पर ताव देते बड़ी शान से बैठे हैं ।]

अमीर : अलहम्दुलिल्लाह ! इस कमबख्त काफिर को तो किसी तरह गिरफ्तार किया । अब बाकी फौज भी फतह हो जाएगी ।

एक सरदार : ऐ हुजूर, जब राजा ही कैद हो गया तो फौज क्या चीज है । खुदा और रसूल के हुक्म से इसलाम की हर जगह फतह है । हिन्दू हैं क्या चीज । एक तो खुदा की मार, दूसरे बेवकूफ, आनन-फानन में सब जहन्नुम रसीद होंगे ।

दूसरा सरदार : खुदाबन्द ! इसलाम के आफताब के आगे कुफ्र की तारीकी कभी ठहर सकती है ? हुजूर अच्छी तरह से यकीन रक्खें कि एक दिन ऐसा आवेगा जब तमाम दुनिया में ईमान का जिल्वा होगा । कुफ्फार सब दाखिले-दोजख होंगे और पयगबरे आखिरुल् जमां सल्लरुल्लाह अल्लैहुम्सल्लम का दीन तमाम रूए जमीन पर फैल जाएगा ।

अमीर : आमीं आमीं ।

काजी : मगर मेरी राय है कि और गुफ्तगू के पेशतर शुकरिया अदा किया जाय क्योंकि जिस हकतआला की मिहरबानी से यह फतह हासिल हुई है सबसे पहिले उस खुदा का शुक्र अदा करना जरूर है ।

सब : बेशक, बेशक ।

(काजी उठकर सबके आगे घुटने के बल झुकता है और फिर अमीर आदि भी उसके साथ झुकते हैं ।)

काजी : *(हाथ उठकर)* काफिर पै मुसल्माँ को फतहयाब बनाया ।

सब : *(हाथ उठाकर)* अलहम्द उलिल्लाह ।

काजी : की मेहर बड़ी तूने य बस मेरे खुदाया ।

सब : अलहम्द उलिल्लाह ।

काजी : सदके मैं नबी सैयदे मक्की मदनी के, अतफाले अली के, असहाब के, लश्कर मेरा दुश्मन से बचाया ।

सब : अलहम्द उलिल्लाह ।

काजी : खाली किया इक आन में दैरों का सनम से, शमशीर दिखा के, बुतखान गिराकरके हरम तूने बनाया ।

सब : अलहम्द उलिल्लाह ।

काजी : इस हिन्द से सब दूर हुई कुफ्र की जुल्मत, की तूने वह रहमत, नक्कारए ईमाँ को हरेक सिम्त बजाया ।

सब : अलहम्द उलिल्लाह ।

काजी : गिरकर न उठे काफिरे बदकार जमीं से, ऐसे हुए गारत । आमीं कहो ।

सब : आमीं ।

काजी : मेरे महबूब खुदाया ।

सब : अलहम्द उलिल्लाह ।

[पटाक्षेप]

सातवाँ दृश्य

स्थान : कैदखाना

[महाराजा सूर्यदेव एक लोहे के पिंजड़े में मूर्च्छित पड़े हैं। एक देवता सामने खड़ा होकर गाता है ।]

देवता : *(लावनी)*

सब भाँति दैव प्रतिकूल होइ एहि नासा ।
अब तजहु बीरबर भारत की सब आसा ॥

अब सुख सूरज को उदय नहीं इत ह्वैहै ।
सो दिन फिर इत सपनेहूँ नहिं ऐहै ॥
स्वाधीनपनो बल धीरज सबहि नसैहै ।
मंगलमय भारत भुव मसान ह्वै जैहै ॥
दुख ही दुख करिहै चारहु ओर प्रकासा ।
अब तजहु बीरबर भारत की सब आसा ॥

इत कलह विरोध सबन के हिय घर करिहै ।
मूरखता को तम चारहु ओर पसरिहै ॥
वीरता एकता ममता दूर सिधरिहै ।
तजि उद्यम सब ही दास वृत्ति अनुसरिहै ॥
ह्वै जैहै चारहु बरन शूद्र बनि दासा ।
अब तजहु बीरबर भारत की सब आसा ॥

ह्वैहैं सब इतके भूत पिशाच उपासी ।
कोऊ बनि जैहैं आपुहि स्वयं प्रकासी ॥
नसि जैहैं सगरे सत्य धर्म अविनासी ।
निज हरि सों ह्वैहैं बिमुख भरत भुवबासी ॥
तजि सुपथ सबहि जन करिहैं कुपथ बिलासा ।
अब तजहु बीरबर भारत की सब आसा ॥

अपनी वस्तुन कहँ लखिहैं सबहि पराई ।
निज चाल छोड़ि गहिहैं औरन की धाई ॥
तुरकन हित करिहैं हिन्दू संग लराई ।
यवनन के चरनहिं रहिहैं सीस चढ़ाई ॥
तजि निज कुल करिहैं नीचन संग निवासा ।
अब तजहु बीरबर भारत की सब आसा ॥

रहे हमहुँ कबहुँ स्वाधीन आर्य बल धारी ।
यह दैहै जिय सों सबही बात बिसारी ॥
हरि विमुख धरम बिनु धन, बलहीन दुखारी ।
आलसी मन्द तन छीन छुवित संसारी ॥
सुख सों सहिहैं सिर यवन पादुका त्रासा ।
अब तजहु बीरबर भारत की सब आसा ॥

(जाता है)

सूर्यदेव : *(सिर उठाकर)* यह कौन था ? इस मरते हुए शरीर पर इसने अमृत और विष दोनों एकसाथ क्यों बरसाया ? अरे, अभी तो यहाँ खड़ा गा रहा था, अभी कहाँ चला गया ? निस्संदेह यह कोई देवता था । नहीं तो इस कठिन पहरे में कौन आ सकता है ! ऐसा सुन्दर रूप और ऐसा मधुर सुर और किसका हो सकता है । क्या कहता था ? 'अब तजहु बीरबर भारत की सब आसा ।' ऐं ! यह देववाक्य क्या सचमुच सिद्ध होगा ? क्या अब भारत का स्वाधीनता सूर्य फिर न उदय होगा ? क्या क्षत्रिय राजकुमारों को भी अब दासवृत्ति करनी पड़ेगी ? हाय ! क्या मरते-मरते भी हमको यह वज्र शब्द सुनना पड़ा ? और क्या

कहा 'सुख सौं सहिहैं सिर यवन पादुका त्रासा ।' हाय ! क्या अब यहाँ यही दिन आवैंगे ? क्या भारत जननी अब एक भी वीर पुत्र न प्रसव करैगी ? क्या दैव को अब इस उत्तम भूमि की यही नीच गति करनी है ? हा ! मैं यह सुनकर क्यों नहीं मरा कि आर्यकुल की जय हुई और यवन सब भारतवर्ष से निकाल दिए गए । हाय !

(हाय करता और रोता हुआ मूर्च्छित हो जाता है ।)

[पटाक्षेप]

आठवाँ दृश्य

स्थान : मैदान-वृक्ष

[एक पागल आता है]

पागल : मार मार मार–काट काट काट–ले ले ले–ईबी–सीबी–बीबी–तुरक तुरक तुरक–अरे आया आया आया–भागो भागो भागो । *(दौड़ता है)* मार मार मार–और मार दे मार–जाय न जाय न–दुष्ट चांडाल गोभक्षी जवन–अरे हाँ रे जवन–लाल डाढ़ी का जवन–बिना चोटी का जवन–हमारा सत्यानास कर डाला । हमारा हमारा हमारा । इसी ने इसी ने–लेना जाने न पावै । दुष्ट म्लेच्छ हुँ ! हमको राजा बनावैगा । छत्र चँवर मुरछल सिंहासन सब–पर जवन का दिया–मार मार मार–शस्त्र न हो तो मन्त्र से मार । मार मार मार । हाँ ही हूँ फट चट पट–जवन पट–षट–छट पट–आँ ईं ऊँ आकास बाँध पाताल–चोटी कटा निकाल । फः–हाँ हीं हौं–जवन जवन मारय मारय उच्चाटय उच्चाटय....बेधय बेधय....नाशय नाशय ....फाँसय फाँसय–त्रासय त्रासय....स्वाहा फूः सब जवन स्वाहा फूः अब भी नहीं गया ? मार मार मार । हमारा देश–हम राजा हम रानी । हम मंत्री । हम प्रजा । और कौन ? मार मार मार । तलवार तलवार । टूट गई टूटी । टूटी से मार । ढेले से मार । हाथ से मार । मुक्का जूता लात लाठी सोंटा ईंटा

पत्थर–पानी सबसे मार । हम राजा हमारा देश हमारा भेस हमारा पेड़ पत्ता कपड़ा लत्ता जूता सब हमारा । ले चला ले चला । मार मार मार–जाय न जाय न–सूरज में जाय चन्द्रमा में जाय जहाँ जाय तारा में जाय उतारा में जाय पारा में जाय जहाँ जाय वहीं पकड़–मार मार मार । मीयाँ मीयाँ मीयाँ चीयाँ चीयाँ चीयाँ । अल्ला अल्ला अल्ला हल्ला हल्ला हल्ला । मार मार मार । लोहे के नाती की दुम से मार पहाड़ की स्त्री के दिए से मार–मार मार–अंड का बंड का संड का खंड–धूप छाँह चना मोती अगहन पूस माघ कपड़ा लत्ता डोम चमार मार मार । ऊँट की आँख में हाथी का बान–बन्दर की थैली में चूहे की कमान–मार मार मार–एक एक एक मिल मिल मिल–छिप छिप छिप–खुल खुल खुल–मार मार मार–

(एक मियाँ को आता देखकर)

मार मार मार–मुसल मुसल मुसल–मान मान मान–सलाम सलाम सलाम कि मार मार मार–नबी नबी नबी–सबी सबी सबी–ऊँट के अण्डे को चरबी का खर । कागज के धप्पे कर सप्पे की सर–मार मार मार ।

(मियाँ के पास जाकर)

तुरुक तुरुक तुरुक–घुरुक घुरुक घुरुक–मुरुक मुरुक मुरुक–फुरुक फुरुक फुरुक–याम शाम लील लाम ढाम ।

(मियाँ को पकड़ने को दौड़ता है)

मियाँ : *(आप ही आप)* यह तो बड़ी हत्या लगी । इससे कैसे पिण्ड छूटेगा–(प्रगट) दूर दूर ।

पागल : दूर दूर दूर–चूर चूर चूर–मियाँ की दाढ़ी में दोजख की हूर–दन तड़ाक छू मियाँ की माई में मोयीं की मूँ–मार मार मार–मियाँ छार खार ।

(मियाँ के पास जाकर अट्टहास करके)

रावण का साला दुर्योधन का भाई अमरूत के पेड़ की पसेरी बनाता है–अच्छा अच्छा–नहीं नहीं तैने तो हमको उस दिन

मारा था न ! हाँ हाँ यही है यही–जाने न पावे । मार मार–

(मियाँ की गरदन पकड़कर पटक देता है
और छाती पर चढ़कर बैठता है)

रावण का साला दिल्ली का नवाब वेद की किताब–बोल हम राजा कि तू राजा–*(मियाँ की दाढ़ी पकड़कर खींचने से कृत्रिम दाढ़ी निकल आती है । विष्णु शर्मा को पहचानकर अलग हो जाता है ।)* रावण का साला मियाँ का भेस विष्णु के कान में शर्मा का केस । मेरी शक्ति गुरु की भक्ति फुरो मन्त्र ईश्वरोवाच दाढ़ी जगावे तो मियाँ साँच ।

(आँख से इंगित करता है)

मियाँ : *(फिर दाढ़ी लगाकर)* लाहौल वल्लाकूअत ! क्या बेखबर पागल है । इसके घर के लोग इसके लौटने के मुनतजिर हैं यह यहीं पड़ा है ।

पागल : पड़ा घड़ा सड़ा–घूर घाम जड़ा–एक एक बात–जात सात धात–नास नास नास–घास घास फास ।

मियाँ : क्या सचमुच–दरहकीकत–यह बड़ा भारी पागल है ।

पागल : सचमुच नास–राजा आकास–ढाल बे ढाल मियाँ मतवाल । *(आँख से दूर जाने को इंगित करता है । मियाँ आगे बढ़ते हैं–यह पीछे धूल फेंकता दौड़ता है)*

मार मार मार । बरसा की धार । ले ना जाने न पावे । मियाँ का खच्चर ।

(दोनों एकान्त में जाकर खड़े होते हैं)

मियाँ : *(चारों ओर देखकर)* अरे वसंत ! क्या सचमुच सर्वनास हो गया ?

पागल : पंडित जी ! कल सबेरी रात ही महाराज ने प्राण त्याग किए । (रोता है)

मियाँ : हाय ! महाराज हम लोगों को आप किसके भरोसे छोड़ गए ! अब हमको इन नीचों का दासत्व भोगना पड़ैगा ! हाय हाय ! *(चारों ओर देखकर)* हाँ, समाचार तो कहो हुआ क्या ।

पागल : कल उन दुष्ट यवनों ने महाराज से कहा कि तुम जो मुसलमान हो जाओ तो हम तुमको अब भी छोड़ दें । इस समय वह दुष्ट अमीर भी वहीं खड़ा था । महाराज ने लोहे के पिंजड़े में से उसके मुँह पर थूक दिया और क्रोध करके कहा कि दुष्ट ! हमको पिंजड़े में बन्द और परवश जानकर ऐसी बात कहता है । क्षत्री कहीं प्राण के भय से दीनता स्वीकार करते हैं ! तुझपर थू और तेरे मत पर थू !

मियाँ : (घबड़ाकर) तब....तब !

पागल : इस पर सब यवन बहुत बिगड़े । चारों ओर से पिंजड़े के भीतर शस्त्र फेंकने लगे । महाराज ने कहा, इस बंधन में मरना अच्छा नहीं । बड़े बल से लोहे के पिंजड़े का डण्डा खींचकर उखाड़ लिया और पिंजड़े के बाहर निकल उसी लोहे के डण्डे से सत्ताईस यवनों को मारकर उन दुष्टों के हाथ से प्राण त्याग किए । हाय ! *(रोता है)*

मियाँ : *(चारों ओर देखकर)* और अब क्या होता है ? महाराज का शरीर कहाँ है ? तुमने यह सब कैसे जाना ?

पागल : सब इन्हीं दुष्टों के मुख से सुना । इसी भेष में घूमते हैं । महाराज का शरीर अभी पिंजड़े में रखा है । कल जशन होगा । कल सब शराब पीकर मस्त होंगे । *(चारों ओर देखकर)* कल ही अवसर है ।

मियाँ : तो कुमार सोमदेव और महारानी से हम जाकर यह वृत्त कह देते हैं, तुम इन्हीं लोगों में रहना ।

पागल : हाँ, हम तो यहीं हई हैं । *(रोकर)* हम अब स्वामी के बिना वहाँ जाही कर क्या करैंगे ।

मियाँ : हाय ! अब भारतवर्ष की कौन गति होगी ? अब त्रैलोक्य ललाम सुता भारत कमलिनी का यह दुष्ट यवन यथासुख दलन करैंगे । अब स्वाधीनता का सूर्य हम लोगों में फिर न प्रकाश करैगा । हाय ! परमेश्वर तू कहाँ सो रहा है । हाय ! धार्मिक वीर पुरुष की यह गति !

(उदार स्वर से गाता है)

(विहाग)

कहाँ करुनानिधि केसब सोए !
जागत नेकु न जदपि बहुत बिधि भारतबासी रोए ॥
इक दिन वह हो जब तुम छिन नहिं भारत हित बिसराए ।
इतके पसु गज कों आरत लखि आतुर प्यादे धाए ॥
इक इक दीन हीन नर के हित तुम दुख सुनि अकुलाई ।
अपनी सम्पति जानि इनहि तुम रह्यौ तुरन्तहि धाई ॥
प्रलय काल सम जौन सुदरसन असुर प्रान संहारी ।
ताकी धार भई अब कुण्ठित हमरी बेर मुरारी ॥
दुष्ट जवन बरबर तुव सन्तति घास साग सम काटैं ।
एक एक दिन सहस सहस नर सीस काटि भुव पाटैं ॥
ह्वै अनाथ आरत कुल विधवा बिलपहि दीन दुखारी ।
बल करि दासी तिनहिं बनावहिं तुम नहिं लजत खरारी ॥
कहाँ गए सब शास्त्र कहो जिन भारी महिमा गाई ।
भक्तबछल करुनानिधि तुम कहँ गायो बहुत बनाई ॥
हाय सुनत नहिं निठुर भए क्यों परम दयाल कहाई ।
सब बिधि बूड़त लखि निज देसहि लेहु न अबहुँ बचाई ।

(दोनों रोते हैं)

[पटाक्षेप]

नौवाँ दृश्य

स्थान : राजा सूर्यदेव के डेरे

[एक भीतरी डेरे में रानी नीलदेवी बैठी हैं और बाहरी डेरे में क्षत्री लोग पहरा देते हैं]

नीलदेवी : *(गाती और रोती है)*

तजी मोहि काके ऊपर नाथ ।
मोहि अकेली छोड़ि गए तजि बालपने को साथ ॥
याद करहु जो अगिनी साखि दै पकर्‌यो मेरो हाथ ।
सो सब मोह आज तजि दीनो कीनो हाय अनाथ ॥ 1 ॥
प्यारे क्यों सुधि हाय बिसारी ?
दीन भई बिड़री हम डोलत हा हा होय तुमारी ॥
कबहुँ कियो आदर जा तन को तुम निज हाथ पियारे ।
ताही की अब दीन दसा यह कैसे लखत दुलारे ॥
आदर कै धन सम जा तन कहँ निज अंकन तुम धार्‌यौ ।
ताही कहँ अब परय्यौ धूर में कैसे नाथ निहारयौ ॥ 2 ॥
प्यारे कितै गई सो प्रीति ?
निठुर होइ तजि मोहि सिधारे नेह निबाहन रीति ॥
कह्यो रह्यो जो छिन नहिं तजिहैं मानहु वचन प्रतीति ॥
सो मोहि जीवन लौं दुख दीनो करी हाय विपरीति ॥ 3 ॥

(कुमार सोमदेव चार राजपूतों के साथ बाहरी डेरे में आते हैं)

सोमदेव : भाइयो, महाराज का समाचार तो आप लोगों ने सुना। अब कहिए क्या कर्त्तव्य है ? मेरी तो शोक से मति विकल हो रही है। आप लोगों की जो अनुमति हो, किया जाय।

पहला राजपूत : कुमार ! आप ऐसी बात कहैंगे कि शोक से मति विकल हो रही है तो भारतवर्ष किसका मुँह देखैगा। इस शोक का उत्तर हम अश्रुधारा से न देकर कृपाणधारा से देंगे।

दूसरा राजपूत : बहुत अच्छा ! उन्मत्तसिंह, तुमने बहुत अच्छा कहा ! इन दुष्ट चाण्डाल यवनों के रुधिर से हम जब तक अपने पितरों का तर्पण न कर लेंगे, हम कुमार की शपथ करके प्रतिज्ञा करके कहते हैं कि हम पितृ-ऋण से कभी उऋण न होंगे।

तीसरा राजपूत : शाबाश ! विजयसिंह, ऐसा ही होगा। चाहे हमारा सर्वस्व नाश हो जाय परन्तु आकल्पान्त लोह लेखनी से हमारी यह प्रतिज्ञा दुष्ट यवनों के हृदय पर लिखी रहैगी। धिक्कार है उस क्षत्रिय धर्म को जो इन चाण्डालों के मूल नाश में न प्रवृत्त हो।

चौथा राजपूत : शत बार धिक्कार है, सहस्र बार धिक्कार है, उसको जो मनसा वाचा कर्मणा किसी तरह इन कापुरुषों से डरै। लक्ष बार, कोटि बार धिक्कार है उसको जो इन चाण्डालों के दमन करने में तृण मात्र भी त्रुटि करै। बायाँ पैर आगे बढ़ाकर म्लेच्छ कुल के और उसके पक्षपातियों के सिर पर यह मेरा बायाँ पैर है जो शरीर के हजार टुकड़े होने तक ध्रुव की भाँति निश्चल है। जिस पामर को कुछ भी सामर्थ्य हो, हटावै।

सोमदेव : धन्य आर्यवीर पुरुषगण ! तुम्हारे सिवा और कौन ऐसी बात कहैगा। तुम्हारी ही भुजा के भरोसे हम लोग राज्य करते हैं। यह तो केवल तुम लोगों का जी देखने को मैंने कहा था। पिता की वीरगति का शोच किस क्षत्रिय को होगा ? हाँ, जो हम लोग इन दुष्ट यवनों का दमन करके दासत्व स्वीकार करैं तो निस्संदेह दुःख हो। *(तलवार*

खींचकर) भाइयो, चलो, इसी क्षण हम लोग उस पामर नीच यवन के रक्त से अपने आर्य पितरों को तृप्त करें ।

चलहु बीर उठि तुरत सबै जय ध्वजहि उड़ाओ ।
लेहु म्यान सों खड्ग खींचि रनरंग जमाओ ॥
परिकर कसि कटि उठो धनुष पै धरि सर साधौ ।
केसरिया बानो सजि सजि रनकंकन बाँधौ ॥
जौ आरज गन एक होइ निज रूप सम्हारैं ।
तजि गृह कलहहि अपनी कुल मरजाद विचारैं ॥
तौ ये कितने नीच कहा इनको बल भारी ।
सिंह जगे कहुँ स्वान ठहरि हैं समर मँझारी ॥
पदतल इन कहँ दलहु कीट त्रिन सरिस जवनचय ।
तनिकहु संक न करहु धर्म जित जय तित निश्चय ॥
आर्य वंश को बन्धन पुन्य जास अधम धर्म मैं ।
गोभक्षन द्विज श्रुति हिंसन नित जास कर्म मैं ॥
तिनको तुरितहिं हतौ मिलैं रन कै घर माहीं ।
इन दुष्टन सों पाप किएहूँ पुन्य सदाहीं ॥
चिउँटिहु पदतल दबे डसत ह्वै तुच्छ जन्तु इक ।
ये प्रतच्छ अरि इनहिं उपेछै जौन ताहि धिक ॥
धिक तिन कहँ जे आर्य होइ जवनन को चाहैं ।
धिक तिन कहँ जे इनसो कछु सम्बन्ध निबाहैं ॥
उठहु बीर तरवार खींचि मारहु घन संगर ।
लोह लेखनी लिखहु आर्य बल जवन हृदय पर ॥
मारू बाजे बजैं कहौ धौंसा घहराहीं ।
उड़हिं पताका सत्रु हृदय लखि लखि थहराहीं ॥
चारन बोलहिं आर्य सुजस बन्दी गुन गावैं ।
छुटहिं तोप घनघोर सबै बन्दूक चलावैं ॥
चमकहिं असि भाले दमकहिं ठनकहिं तन बखतर ।
होंसहिं हय झनकहिं रथ गज चिक्करहिं समर थर ॥
छन महँ नासहि आर्य नीच जवनन कहँ करि छय ।

कहहु सबै भारत जय भारत जय भारत जय ॥

सब वीर : भारतवर्ष की जय–आर्य कुल की जय–महाराज सूर्यदेव की जय–महारानी नीलदेवी की जय–कुमार सोमदेव की जय–क्षत्रिय वंश की जय ।

(आगे-आगे कुमार, उसके पीछे तलवार खींचकर क्षत्रिय चलते हैं । रानी नीलेदेवी बाहर के घर में आती हैं)

नीलदेवी : पुत्र की जय हो । क्षत्रिय कुल की जय हो । बेटा, एक बात हमारी सुन लो तब युद्ध यात्रा करो ।

सोमदेव : *(रानी को प्रणाम करके)* माता ! जो आज्ञा हो ।

नीलदेवी : कुमार, तुम अच्छी तरह जानते हो कि यवन सेना कितनी असंख्य है और यह भी भली-भाँति जानते हो कि जिस दिन महाराज पकड़े गए उसी दिन बहुत से राजपूत निराश होकर अपने-अपने घर चले गए । इससे मेरी बुद्धि में यह बात आती है कि इनसे एक ही बेर सम्मुख युद्ध न करके कौशल से लड़ाई करना अच्छी बात है ।

सोमदेव : *(कुछ क्रोध करके)* तो क्या हम लोगों में इतनी सामर्थ्य नहीं कि यवनों को युद्ध में लड़कर जीतें ?

सब क्षत्री : क्यों नहीं ?

नीलदेवी : *(शान्त भाव से)* कुमार, तुम्हारी सर्वदा जय है । मेरे आशीर्वाद से तुम्हारी कहीं पराजय नहीं है । किन्तु माँ की आज्ञा मानना भी तो तुमको योग्य है ।

सब क्षत्री : अवश्य अवश्य ।

सोमदेव : *(हाथ जोड़कर)* माँ, जो आज्ञा होगी, करूँगा ।

नीलदेवी : अच्छा सुनो । *(पास बुलाकर कान में सब विचार करती हैं)*

सोमदेव : जो आज्ञा ।

(एक ओर से कुमार और दूसरी ओर से रानी जाती हैं)

[पटाक्षेप]

दसवाँ दृश्य

स्थान : अमीर की मजलिस

[अमीर गद्दी पर बैठा है । दो-चार सेवक खड़े हैं । दो-चार मुसाहिब बैठे हैं । सामने शराब के प्याले, सुराही, पानदान, इतरदान रखा है । दो गवैये सामने गा रहे हैं । अमीर नशे में झूमता है]

गवैये : **आज यह फत्ह की दरबार मुबारक होए ।**
मुल्क यह तुझको शहरयार मुबारक होए ॥
शुक्र सद शुक्र की पकड़ा गया वह दुश्मने दीन ।
फत्ह अब हमको हरेक बार मुबारक होए ॥
हमको दिन रात मुबारक हो फत्ह ऐणे उरूज ।
काफिरों को सदा फिटकार मुबारक होए ॥
फत्हे पंजाब से सब हिन्द की उम्मीद हुई ।
मोमिनो नेक य आसार मुबारक होए ।
हिन्दू गुमराह हों बेजर हों बनें अपने गुलाम ।
हमको ऐशो तरबोतार मुबारक होए ॥

अमीर : आमीं आमीं । वाह वाह वल्लाही ! खूब गाया । कोई है ? इन लोगों को एक-एक जोड़ा दुशाला इनआम दो ।

(मद्यपान)

(एक नौकर आता है)

नौकर : खुदाबन्द निआमत ! एक परदेस की गाने वाली बहुत ही अच्छी खेमे के दरवाजे पर हाजिर है । वह चाहती है कि हुजूर को कुछ अपना करतब दिखलाए । जो इरशाद हो बजा लाऊँ ।

अमीर : जरूर लाओ । कहो, साज मिलाकर जल्द हाजिर हो ।

नौकर : जो इरशाद !

(जाता है)

अमीर : आज के जशन का हाल सुनकर दूर-दूर से नाचने-गाने वाले चले आते हैं ।

मुसाहिब : बजा इरशाद है, और उनको इनआम भी बहुत जियादः मिलता है न क्यों आवें ?

(चार समाजियों के साथ एक गायिका का प्रवेश)

अमीर : *(आप ही आप)* यह तवायफ तो बहुत ही खूबसूरत है ! *(प्रगट)* तुम्हारा क्या नाम है ? *(मद्यपान)*

गायिका : मेरा नाम चण्डिका है । मैं बड़ी दूर से आपका नाम सुनकर आती हूँ ।

अमीर : बहुत अच्छी बात है । जल्द गाना शुरू करो । तुम्हारा गाना सुनने को मेरा इश्तियाकहर लहजे बढ़ता जाता है । जैसी तुम खूबसूरत हो वैसा ही तुम्हारा गाना भी खूबसूरत होगा *(मद्यपान)*

गायिका : जो हुकुम । *(गाती है)*

[ठुमरी तिताला]

हाँ मोसे सेजिया चढ़लि नहिं जाई हो ।
पिय बिनु साँपिन सी डसै बिरह रैन ॥
छिन छिन बढ़त बिथा तन सजनी ।
कटत न कठिन बियोग की रजनी ॥
बिनु हरि अति अकुलाई हो ।
हाँ मोसे सेजिया....

अमीर : वाह वाह, क्या कहना है ! *(मद्यपान)* क्यों फिदाहुसैन ! कितना अच्छा गाया है ।

मुसाहिब : सुबहानअल्लाह ! हुजूर क्या कहना है ! वल्लाह मेरा तो क्या जिक्र है, मेरे बुजुर्गों ने ख्वाब में भी ऐसा गाना नहीं सुना

था ।

(अमीर अँगूठी उतारकर देना चाहता है)

गायिका : मुझको अभी आपसे बहुत-कुछ लेना है । अभी आप इसको अपने पास रखें, आखीर में एकसाथ मैं सब ले लूँगी ।

अमीर : *(मद्यपान करके)* अच्छा ! कुछ परवाह नहीं । हाँ, इसी धुन की एक और हो मगर उसमें फुरकत का मजमून न हो क्योंकि आज खुशी का दिन है ।

गायिका : जो हुकुम । *(उसी चाल में गाती है)*

जाओ जाओ काहे आओ प्यारे कतराए हो ।
काहे चलो छाँह से छाँह मिलाए हो ॥
जिय को मरम तुम साफ कहत किन ।
काहे फिरत मँडराए हो ॥
एहो हरि देखि यह नयो मेरो जोबन ।
हम जानो तुम जो लुभाए हो ॥

अमीर : *(मद्यपान कर अत्यन्त रीझने का नाट्य करता है)* कसम खुदा की, ऐसा गाना मैंने आज तक नहीं सुना था । दरहकीकत हिन्दोस्तान इल्म का खजाना है । वल्लाह, मैं बहुत ही खुश हुआ ।

(मुसाहिबगण वल्लाह, बजा इरशाद, बेशक इत्यादि सिर और दाढ़ी हिला-हिलाकर कहते हैं)

अमीर : तुम शराब नहीं पीतीं ?

गायिका : नहीं, हुजूर ।

अमीर : तो आज हमारी खातिर से पीओ ।

गायिका : अब तो आपके यहाँ आई ही हूँ । ऐसी जल्दी क्या है । जो हुजूर कहैंगे, सब करूँगी ।

अमीर : अच्छा, कुछ परवाह नहीं । *(मद्यपान)* थोड़ा-सा और आगे बढ़ आओ ।

(गायिका आगे बढ़कर बैठती है)

अमीर : *(खूब घूरकर स्वगत)* हाय हाय ! इसको देखकर मेरा दिल बिल्कुल हाथ से जाता रहा । जिस तरह हो आज ही इसको

काबू में लाना जरूर है । *(प्रगट)* वल्लाह, तुम्हारे गाने ने मुझको बेअख्तियार कर दिया है । एक चीज और गाओ इसी धुन की ।

(मद्यपान)

गायिका : जो हुकुम ! *(गाती है)*

हाँ गरबा लगावै गिरिधारी हो,
देखो सखी लाज सरम जग की,
छोड़ि चट निपट निलज मुख चूमै बारी बारी ।
अति मदमाती हरि कछु न गिनत छैल बरजि रही मैं होइ होइ बलिहारी ।
अब कहाँ जाऊँ कहा करूँ लाज की मैं मारी ।

अमीर : *(मद्यपान करके उन्मत्त की भाँति)* वाह ! वाह !! क्या कहना है । *(गिलास हाथ में उठाकर)* एक गिलास तो अब तुमको जरूर ही पीना होगा । लो, तुमको मेरी कसम, वल्लाह मेरे सिर की कसम जो न पी जाओ ।

गायिका : हुजूर, मैंने आज तक शराब नहीं पी है । मैं जो पीऊँगी तो बिल्कुल बेहोश हो जाऊँगी ।

अमीर : कुछ परवाह नहीं, पीओ ।

गायिका : *(हाथ जोड़कर)* हुजूर, एक दिन के वास्ते शराब पीकर मैं क्यों अपना ईमान छोड़ूँ ?

अमीर : नहीं–नहीं, तुम आज से हमारी नौकर हुई, जो तुम चाहोगी तुमको मिलेगा । अच्छा, हमारे पास आओ, हम तुमको अपने हाथ से शराब पिलावैंगे ।

(गायिका अमीर के अति निकट बैठती है)

अमीर : लो जान साहब !

(प्याला उठाकर अमीर जिस समय गायिका के पास ले जाता है उस समय गायिका बनी हुई नीलदेवी चोटी से कटार निकालकर अमीर को मारती है और चारों समाजी बाजा फेंककर शस्त्र निकालकर मुसाहिब आदि को मारते हैं ।)

नीलदेवी : ले चाण्डाल पापी ! मुझको जान साहब कहने का फल ले,

महाराज के बध का बदला ले। मेरी यही इच्छा थी कि मैं इस चाण्डाल का अपने हाथ से बध करूँ। इसी हेतु मैंने कुमार को लड़ने से रोका, सो इच्छा पूर्ण हुई। *(और आघात)* अब मैं सुखपूर्वक सती हूँगी।

अमीर : *(मृतावस्था में)* दगा–अल्लाह चण्डिका–

(रानी नीलदेवी ताली बजाती हैं। तम्बू फाड़कर शस्त्र खींचे हुए कुमार सोमदेव राजपूतों के साथ आते हैं। मुसलमानों को मारते और बाँधते हैं। क्षत्री लोग भारतवर्ष की जय, आर्यकुल की जय, क्षत्रियवंश की जय, महाराज सूर्यदेव की जय, महारानी नीलदेवी की जय, कुमार सोमदेव की जय इत्यादि शब्द कहते हैं।)

[पटाक्षेप]

अन्धेर नगरी

समर्पण

मान्य योग्य नहिं होत कोऊ कोरो पद पाए ।
मान्य योग्य नर ते, जे केवल परहित जाए ।।

जे स्वारथ रत धूर्त हंस से काक-चरित-रत ।
ते औरन हति बंचि प्रभुहि नित होहिं समुन्नत ।।

जदपि लोक की रीति यही पै अन्त धर्म्म जय ।
जौ नाहीं यह लोक तदपि छलियन अति जम भय ।।

नरसरीर में रत्न वही जो परदुख साथी ।
खात पियत अरु स्वसत स्वान मंडुक अरु भाथी ।।

तासों अब लौं करो, करो सो, पै अब जागिय ।
गो श्रुति भारत देस समुन्नति मैं नित लागिय ।।

साँच नाम निज करिय कपट तजि अन्त बनाइय ।
नृप तारक हरि पद भज़ि साँच बड़ाई पाइय ।।

—ग्रन्थकार

छेदश्चन्दनचूतचंपकवने रक्षा करीरद्रुमे
हिंसा हंसमयूरकोकिलकुले काकेषुलीलारतिः
मातंगेन खरक्रयः समतुला कर्पूरकार्पासयोः
एषा यत्र विचारणा गुणिगणे देशाय तस्मै नमः

पहला दृश्य

स्थान : बाह्य प्रान्त

[महन्त जी दो चेलों के साथ गाते हुए आते हैं]

सब : **राम भजो राम भजो राम भजो भाई ।**
राम के भजे से गनिका तर गई,
राम के भजे से गीध गति पाई ।
राम के नाम से काम बनै सब,
राम के भजन बिनु सबहि नसाई ॥
राम के नाम से दोनों नयन बिनु
सूरदास भए कबिकुलराई ।[1]
राम के नाम से घास जंगल की,
तुलसीदास भए भजि रघुराई ॥

महन्त : बच्चा नारायणदास ! यह नगर तो दूर से बड़ा सुन्दर दिखाई पड़ता है ! देख, कुछ भिच्छा-उच्छा मिलै तो ठाकुरजी को भोग लगै । और क्या ।

नारायणदास : गुरुजी महाराज ! नगर तो नारायण के आसरे से बहुत ही सुन्दर है जो है सो, पर भिक्षा सुन्दर मिलै तो बड़ा आनन्द होय ।

---

1. कवियों के राजा, सर्वश्रेष्ठ कवि

महन्त : बच्चा गोबरधनदास ! तू पश्चिम की ओर से जा और नारायणदास पूरब की ओर जाएगा । देख, जो कुछ सीधा-सामग्री मिलै तो श्री शालग्राम जी का बालभोग सिद्ध हो ।

नारायणदास : गुरुजी ! मैं बहुत-सी भिच्छा लाता हूँ । यहाँ लोग तो बड़े मालदार दिखलाई पड़ते हैं । आप कुछ चिन्ता मत कीजिए ।

महन्त : बच्चा, बहुत लोभ मत करणा । देखना, हाँ ।

लोभ पाप को मूल है, लोभ मिटावत मान ।
लोभ कभी नहीं कीजिए, यामैं नरक-निदान[1] ॥

(गाते हुए सब जाते हैं)

1. अन्त में

दूसरा दृश्य

स्थान : बाजार

कबाबवाला : कबाब गरमागरम मसालेदार–चौरासी मसाला बहत्तर आँच का–कबाब गरमागरम मसालेदार–खाय सो होंठ चाटै, न खाय सो जीभ काटै । कबाब लो, कबाब का ढेर–बेचा टके सेर ।

घासीराम : चने जोर गरम–

चने बनावैं घासीराम । निज की झोली में दूकान ॥
चना चुरमुर चुरमुर बोलै । बाबू खाने को मुँह खोलै ॥
चना खावै तौकी[1] मैना[2] । बोलै अच्छा बना चबैना ॥
चना खायं गफूरन[3] मुन्ना[4] । बोलै और नहीं कुछ सुन्ना ॥
चना खाते सब बंगाली । जिनकी धोती ढीली ढाली ॥
चना खाते मियाँ जुलाहे । डाढ़ी हिलती गाह बगाहे ॥
चना हाकिम सब जो खाते । सब पर दूना टिकस लगाते ॥
चने जोर गरम–टके सेर ।

नारंगीवाली : नरंगी ले नरंगी–सिलहट की नरंगी, बुटवल की नरंगी, रामबाग की नरंगी, आनन्दबाग की नरंगी । भई नीबू से नरंगी । मैं तो पिय के रंग न रंगी । मैं तो भूली लेकर

1–4. काशी की प्रसिद्ध वेश्याएँ

संगी। नरंगी ले नरंगी। कंवला नीबू, मीठा नीबू, रंगतरा, संगतरा। दोनों हाथों लो—नहीं पीछे हाथ ही मलते रहोगे, नरंगी ले नरंगी। टके सेर नरंगी।

हलवाई : जलेबियाँ गरमागरम। ले सेव इमरती लड्डू गुलाबजामुन खुरमा बुँदिया बरफी समोसा पेड़ा कचौड़ी दालमोठ पकौड़ी घेवर गुपचुप। हलुआ हलुआ ले हलुआ मोहन भोग। मोयनदार कचौड़ी कचाका[1] हलुआ नरम चभाका[2]। घी में गरम चीनी में तरातर चासनी में चभाचभ। ले भूरे का लड्डू। जो खाय सो भी पछताय जो न खाय सो भी पछताय। रेवड़ी कड़ाका। पापड़ पड़ाका। ऐसा जात हलवाई जिसके छत्तिस कौम हैं भाई। जैसे कलकत्ते के विलसन मन्दिर के भितरिए, वैसे अन्धेर नगरी के हम। सब समान ताजा, खाजा ले खाजा। टके सेर खाजा।

कुँजड़िन : ले धनिया मेथी सोआ पालक चौराई बथुआ करेमूँ नोनियाँ कुलफा कसारी, चना सरसों का साग। मरसा[3] ले मरसा। ले बैगन लौका कोहड़ा आलू अरुई बंडा नेनुआँ सूरन रामतरोई तोरई मुरई ले आदी मिरचा लहसुन पियाज टिकोरा। ले फालसा खिरनी आम अमरूत निबुआ मटर होरहा। जैसे काजी वैसे पाजी। रैयत राजी टके सेर भाजी। ले हिन्दुस्तान का मेवा फूट[4] और बैर[5]।

---

1. मुलायम
2. (घी से) तर
3. मरसा—एक बरसाती साग
4. श्लिष्ट शब्द : एक फल, और सम्बन्ध में बिगाड़
5. श्लिष्ट शब्द : एक फल, और शत्रुभाव

मुगल : बादाम पिस्ते अखरोट अनार बिहोदाना मुनक्का किशमिश अंजीर आबजोश आलूबोखारा चिलगोजा सेव नाशपाती बिही सरदा अंगूर का पिटारी । आमारा ऐसा मुल्क जिसमें अँगरेज का दाँत कट्टा ओ गया । नाहक को रुपया खराब किया । हिन्दोस्तान का आदमी लक लक[1] हमारे यहाँ का आदमी बुंबक बुंबक[2] लो सब मेवा टके सेर ।

पाचकवाला :

चूरन अमल बेद का भारी । जिस को खाते कृष्णमुरारी ॥
मेरा पाचक है पचलोना[3] । जिसको खाता श्याम सलोना ॥
चूरन बना मसालेदार । जिसमें खट्टे की बहार ॥
मेरा चूरन जो कोइ खाय । मुझको छोड़ कहीं नहिं जाय ॥
हिन्दू चूरन इसका नाम । विलायत पूरन इस का काम ॥
चूरन जब से हिन्द में आया । इसका धन बल सभी घटाया ॥
चूरन ऐसा हट्टा कट्टा । कीना दाँत सभी का खट्टा ॥
चूरन चला डाल की मंडी । इसको खाएँगी सब रंडी ॥
चूरन अमले सब जो खावैं । दूनी रुशवत तुरत पचावैं ॥
चूरन नाटकवाले खाते । इसकी नकल पचा कर लाते ॥
चूरन सभी महाजन खाते । जिससे जमा हजम कर जाते ॥
चूरन खाते लाला लोग । जिनको अकिल अजीरन रोग ॥
चूरन खावै एडिटर जात । जिन के पेट पचै नहिं बात ॥
चूरन साहेब लोग जो खाता । सारा हिन्द हजम कर जाता ॥
चूरन पुलिसवाले खाते । सब कानून हजम कर जाते ॥
ले चूरन का ढेर, बेचा टके सेर ॥

मछलीवाली : मछरी ले मछरी ।
मछरिया एक टके कै बिकाय
लाख टका के वाला जोबन, गांहक सब ललचाय ।

---

1. दुबला–पतला
2. हृष्ट–पुष्ट
3. पाँच प्रकार के नमक का

नैन मछरिया रूप जाल में, देखत ही फंसि जाय ।
बिनु पानी मछरी सो बिरहिया, मिले बिना अकुलाय ।

जातवाला : (ब्राह्मण) जात ले लात, टके सेर जात । एक टका दो, हम अभी अपनी जात बेचते हैं । टके के वास्ते ब्राह्मण से धोबी हो जाएँ और धोबी को ब्राह्मण कर दें, टके के वास्ते जैसी कहो वैसी व्यवस्था दें । टके के वास्ते झूठ को सच करैं । टके के वास्ते ब्राह्मण से मुसलमान, टके के वास्ते हिन्दू से क्रिस्तान । टके के वास्ते धर्म और प्रतिष्ठा दोनों बेचैं, टके के वास्ते झूठी गवाही दें । टके के वास्ते पाप को पुण्य मानैं, टके के वास्ते नीच को भी पितामह बनावैं । वेद धर्म कुल, मरजादा, सचाई-बड़ाई सब टके सेर । लुटाय दिया अनमोल माल ले टके सेर ।

बनिया : आटा दाल लकड़ी नमक घी चीनी मसाला चावल ले टके सेर ।

[बाबा जी का चेला गोबरधनदास आता है और सब बेचने वालों की आवाज सुन-सुनकर खाने के आनन्द में बड़ा प्रसन्न होता है ।]

गोबरधनदास : क्यों भाई बणिये, आँटा कितणे सेर ?

बनिया : टके सेर ।

गोबरधनदास : औ चावल ?

बनिया : टके सेर ।

गोबरधनदास : औ चीनी ?

बनिया : टके सेर ।

गोबरधनदास : औ घी ?

बनिया : टके सेर ।

गोबरधनदास : सब टके सेर ! सचमुच ?

बनिया : हाँ महाराज, क्या झूठ बोलूँगा !

गोबरधनदास : (कुँजड़िन के पास जाकर) क्यों भाई, भाजी क्या भाव ?

कुँजड़िन : बाबा जी, टके सेर। निबुआ मुरई धनियाँ मिरचा साग सब टके सेर।

गोबरधनदास : सब भाजी टके सेर। वाह–वाह ! बड़ा आनन्द है। यहाँ सभी चीज टके सेर। *(हलवाई के पास जाकर)* क्यों भाई हलवाई ? मिठाई कितणे सेर ?

हलवाई : बाबा जी ! लडुआ हलुआ जलेबी गुलाबजामुन खाजा सब टके सेर।

गोबरधनदास : वाह ! वाह !! बड़ा आनन्द है ? क्यों बच्चा, मुझसे मसखरी तो नहीं करता ? सचमुच सब टके सेर ?

हलवाई : हाँ बाबा जी, सचमुच सब टके सेर। इस नगरी की चाल ही यही है। यहाँ सब चीज टके सेर बिकती है।

गोबरधनदास : क्यों बच्चा ! इस नगरी का नाम क्या है ?

हलवाई : अन्धेर नगरी।

गोबरधनदास : और राजा का क्या नाम है ?

हलवाई : चौपट राजा।

गोबरधनदास : वाह ! वाह ! अन्धेर नगरी चौपट राजा, टका सेर भाजी टका सेर खाजा *(यही गाता है और आनन्द से बगल बजाता है)*।

हलवाई : तो बाबा जी, कुछ लेना–देना हो तो लो–दो।

गोबरधनदास : बच्चा, भिक्षा माँगकर सात पैसे लाया हूँ, साढ़े तीन सेर मिठाई दे दे, गुरु–चेले सब आनन्दपूर्वक इतने में छक जाएँगे।

(हलवाई मिठाई तौलता है। बाबा जी मिठाई लेकर खाते हुए और अन्धेर नगरी गाते हुए जाते हैं।)

[पटाक्षेप]

तीसरा दृश्य

स्थान : जंगल

[महन्त जी और नारायणदास एक ओर से 'राम भजो' इत्यादि गीत गाते हुए आते हैं और एक ओर से गोबरधनदास 'अन्धेर नगरी' गाते हुए आते हैं]

महन्त : बच्चा गोबरधनदास ! कह, क्या भिक्षा लाया ? गठरी तो भारी मालूम पड़ती है ।

गोबरधनदास : बाबाजी महाराज ! बड़े माल लाया हूँ, साढ़े तीन सेर मिठाई है ।

महन्त : देखूँ बच्चा ! *(मिठाई की झोली अपने सामने रखकर खोलकर देखता है)* वाह ! वाह ! बच्चा ! इतनी मिठाई कहाँ से लाया ? किस धर्मात्मा से भेंट हुई ?

गोबरधनदास : गुरुजी महाराज ! सात पैसे भीख में मिले थे, उसी से इतनी मिठाई मोल ली है ।

महन्त : बच्चा ! नारायणदास ने मुझसे कहा था कि यहाँ सब चीज टके सेर मिलती है, तो मैंने इसकी बात का विश्वास नहीं किया । बच्चा, यह कौन-सी नगरी है और इसका कौन-सा राजा है, जहाँ टके सेर भाजी और टके ही सेर खाजा है ?

गोबरधनदास : अन्धेर नगरी चौपट राजा, टके सेर भाजी टके सेर

खाजा ।

महन्त : तो बच्चा ! ऐसी नगरी में रहना उचित नहीं है, जहाँ टके सेर भाजी और टके सेर खाजा हो ।

दोहा

सेत सेत[1] सब एक से, जहाँ कपूर कपास ।
ऐसे देस कुदेस में, कबहुँ न कीजै बास ।।
कोकिल बायस[2] एक सम, पंडित मूरख एक ।
इन्द्रायन[3] दाड़िम विषय, जहाँ न नेकु विवेकु ।।
बसिए ऐसे देस नहिं, कनक[4] वृष्टि जो होय ।
रहिए तो दुख पाइए, प्रान दीजिए रोय ।।

सो बच्चा, चलो यहाँ से । ऐसी अन्धेर नगरी में हजार मन मिठाई मुफ्त की मिलै तो किस काम की ? यहाँ एक छन नहीं रहना ।

गोबरधनदास : गुरुजी, ऐसा तो संसार-भर में कोई देस ही नहीं है । दो पैसा पास रहने ही से मजे में पेट भरता है । मैं तो इस नगर को छोड़कर नहीं जाऊँगा । और जगह दिन-भर माँगो तो भी पेट नहीं भरता । बरंच[1] बाजे-बाजे दिन उपास करना पड़ता है । सो मैं तो यहीं रहूँगा ।

महन्त : देख बच्चा, पीछे पछताएगा ।

गोबरधनदास : आपकी कृपा से कोई दु:ख न होगा; मैं तो यही कहता हूँ कि आप भी यहीं रहिए ।

महन्त : मैं तो इस नगर में अब क्षण-भर नहीं रहूँगा । देख, मेरी

---

1. श्वेत (उजला)
2. कौआ
3. एक लता जिसका फल कड़ुआ होता है ।
4. सोना
5. बल्कि
6. किसी-किसी

बात मान, नहीं पीछे पछताएगा। मैं तो जाता हूँ पर इतना कहे जाता हूँ कि कभी संकट पड़ै तो हमारा स्मरण करना।

गोबरधनदास : प्रणाम गुरुजी, मैं आपका नित्य ही स्मरण करूँगा। मैं तो फिर भी कहता हूँ कि आप भी यहीं रहिए।

(महन्त जी नारायणदास के साथ जाते हैं; गोबरधनदास बैठकर मिठाई खाता है।)

[पटाक्षेप]

चौथा दृश्य

स्थान : राज सभा

[राजा, मन्त्री और नौकर लोग यथास्था न स्थित हैं ।]

एक सेवक : *(चिल्लाकर)* पान खाइए महाराज ।

राजा : *(पीनक से चौंक से घबड़ाकर उठता है)* क्या कहा ? सुपनखा आई ए महाराज । *(भागता है)*

मन्त्री : *(राजा का हाथ पकड़कर)* नहीं-नहीं, कहता है कि पान खाइए, महाराज ।

राजा : दुष्ट, लुच्चा, पाजी ! नाहक हमको डरा दिया । मन्त्री, इसको सौ कोड़े लगैं ।

मन्त्री : महाराज ! इसका क्या दोष है ? न तमोली पान लगाकर देता, न यह पुकारता ।

राजा : अच्छा, तमोली को दो सौ कोड़े लगैं ।

मन्त्री : पर महाराज, आप 'पान खाइए' सुनकर थोड़े ही डरे हैं, आप तो सुपनखा के नाम से डरे हैं, सुपनखा की सजा हो ।

राजा : *(घबड़ाकर)* फिर वही नाम ? मन्त्री, तुम बड़े खराब आदमी हो । हम रानी से कह देंगे कि मन्त्री बेर-बेर तुमको सौत बुलाने चाहता है । नौकर ! नौकर ! शराब ।

नौकर : *(एक सुराही में से एक गिलास में शराब उझल कर देता*

है) लीजिए महाराज ! पीजिए महाराज ।

राजा : *(मुँह बनाकर पीता है)* और दे ।

(नेपथ्य में—दुहाई है दुहाई—का शब्द होता है ।)

कौन चिल्लाता है—पकड़ लाओ ।

(दो नौकर एक फरियादी को पकड़ लाते हैं ।)

फरियादी : दोहाई है महाराज, दोहाई है । हमारा न्याव[1] होय ।

राजा : चुप रहो । तुम्हारा न्याव यहाँ ऐसा होगा कि जैसा जम के यहाँ भी न होगा । बोलो, क्या हुआ ?

फरियादी : महाराज, कल्लू बनिया की दीवार गिर पड़ी, सो मेरी बकरी उसके नीचे दब गई । दोहाई और महाराज, न्याव हो ।

राजा : *(नौकर से)* कल्लू बनिया की दीवार को अभी पकड़ लाओ ।

मन्त्री : महाराज, दीवार नहीं लाई जा सकती ।

राजा : अच्छा, उसका भाई, लड़का दोस्त, आशना[2] जो हो उसको पकड़ लाओ ।

मन्त्री : महाराज ! दीवार ईंट–चूने की होती है, उसका भाई–बेटा नहीं होता ।

राजा : अच्छा, कल्लू बनिए को पकड़ लाओ ।

(नौकर लोग दौड़कर बाहर से बनिए को पकड़ लाते हैं)

क्यों बे बनिए ! इसकी लरकी, नहीं बरकी क्यों दबकर मर गई ?

मन्त्री : बरकी नहीं महाराज, बकरी ।

राजा : हाँ–हाँ, बकरी क्यों मर गई—बोल, नहीं अभी फाँसी देता हूँ ।

---

1. न्याय
2. परिचित

कल्लू : महाराज ! मेरा कुछ दोष नहीं । कारीगर ने ऐसी दीवार बनाई कि गिर पड़ी ।

राजा : अच्छा, इस मल्लू को छोड़ दो, कारीगर को पकड़ लाओ ।

(कल्लू जाता है, लोग कारीगर को पकड़ लाते हैं)

क्यों बे कारीगर ! इसकी बकरी किस तरह मर गई ?

कारीगर : महाराज, मेरा कुछ कसूर नहीं, चूनेवाले ने ऐसा बोदा चूना बनाया कि दीवार गिर पड़ी ।

राजा : अच्छा, उस कारीगर को बुलाओ, नहीं–नहीं निकालो, उस चूनेवाले को बुलाओ ।

(कारीगर निकाला जाता है, चूनेवाला पकड़कर लाया जाता है)

क्यों बे खैर सुपाड़ी चूनेवाले ! इसकी कुबरी कैसे मर गई ?

चूनेवाला : महाराज ! मेरा कुछ दोष नहीं, भिश्ती ने चूने में पानी ढेर दे दिया होगा, इसी से चूना कमजोर हो गया होगा ।

राजा : अच्छा, चूनेवाले को निकालो, भिश्ती को पकड़ो ।

(चूनेवाला निकाला जाता है, भिश्ती लाया जाता है)

क्यों बे भिश्ती ! गंगा जमुना की किश्ती ! इतना पानी क्यों दिया कि इसकी बकरी गिर पड़ी और दीवार दब गई ।

भिश्ती : महाराज ! गुलाम का कोई कसूर नहीं, कस्साई ने मसक इतनी बड़ी बना दी कि उसमें पानी जादे आ गया ।

राजा : अच्छा, कस्साई को लाओ, भिश्ती को निकालो ।

(लोग भिश्ती को निकालते हैं और कसाई को लाते हैं)

क्यों बे कस्साई, मशक ऐसी क्यों बनाई कि दीवार लगाई बकरी दबाई ?

कस्साई : महाराज ! गँड़ेरिया ने टके पर ऐसी बड़ी भेड़ मेरे हाथ बेंची कि उसकी मशक बड़ी बन गई ।

राजा : अच्छा कस्साई को निकालो, गँड़ेरिये को लाओ ।

(कसाई निकाला जाता है, गँड़ेरिया आता है)

क्यों बे ऊखपौड़े के गँड़ेरिया ! ऐसी बड़ी भेड़ क्यों बेचा कि बकरी मर गई ?

गँड़ेरिया : महाराज ! उधर से कोतवाल साहब की सवारी आई, सो उसके देखने में मैंने छोटी-बड़ी भेड़ का ख्याल नहीं किया, मेरा कुछ कसूर नहीं ।

राजा : अच्छा, इसको निकालो, कोतवाल को अभी सरबमुहर पकड़ लाओ ।

(गँड़ेरिया निकाला जाता है, कोतवाल पकड़ा आता है)

क्यों बे कोतवाल ! तैंने सवारी ऐसी धूम से क्यों निकाली कि गँड़रिये ने घबड़ाकर बड़ी भेड़ बेची, जिससे बकरी गिरकर कल्लू बनिया दब गया ?

कोतवाल : महाराज, महाराज ! मैंने तो कोई कसूर नहीं किया, मैं तो शहर के इन्तजाम के वास्ते जाता था ।

मन्त्री : *(आप ही आप)* यह तो बड़ा गजब हुआ, ऐसा न हो कि बेवकूफ इस बात पर सारे नगर को फूँक दे या फाँसी दे । *(कोतवाल से)* यह नहीं, तुमने ऐसे धूम से सवारी क्यों निकाली ?

राजा : हाँ हाँ, यह नहीं तुमने ऐसे धूम से सवारी क्यों निकाली कि उसकी बकरी दबी ।

कोतवाल : महाराज महाराज–

राजा : कुछ नहीं, महाराज महाराज । ले जाओ, कोतवाल को अभी फाँसी दो । दरबार बरखास्त ।

(लोग एक तरफ से कोतवाल को पकड़कर ले जाते हैं, दूसरी ओर से मन्त्री को पकड़कर राजा जाते हैं)

[पटाक्षेप]

पाँचवाँ दृश्य

स्थान : आरण्य

[गोबरधनदास गाते हुए आते हैं]

(राग काफी)

अन्धेर नगरी अनबूझ राजा । टका सेर भाजी टका सेर खाजा ॥
नीच ऊँच सब एकहि ऐसे । जैसे भड़ुए पंडित तैसे ॥
कुल मरजाद न मान बड़ाई । सबै एक से लोग लुगाई ॥
जात पाँत पूछै नहिं कोई । हरि को भजै सो हरि का होई ॥
वेश्या जोरू एक समाना । बकरी गऊ एक करि जाना ।
साँचे मारे मारे डोलैं । छली दुष्ट सिर चढ़ि चढ़ि बोलैं ॥
प्रगट सभ्य अन्तर छलधारी । सोई राजसभा बलभारी ॥
साँच कहैं तो पनहीं खावैं । झूठे बहुविधि पदवी पावैं ॥
छलियन के एका के आगे । लाख कहौ एकहु नहिं लागे ॥

भीतर होई मलिन की कारो[1] । चहिये बाहर रंग चटकारो ॥
धर्म अधर्म एक दरसाई । राजा करै सो न्याव सदाई ॥
भीतर स्वाहा बाहर सादे । राज करहिं अमले अरु प्यादे ॥
अंधाधुंध मच्यौ सब देसा । मानहुँ राजा रहत विदेसा ॥

1. काला

गो द्विज श्रुति आदर नहिं होई । मानुहुँ नृपति विधर्म्मी कोई ॥
ऊँच नीच सब एकहि सारा । मानहुँ ब्रह्म ज्ञान विस्तारा ॥
अन्धेर नगरी अनबूझ राजा । टका सेर भाजी टका सेर खाजा ॥

(बैठकर मिठाई खाता है)

गुरुजी ने हमको नाहक यहाँ रहने को मना किया था । माना कि देस बहुत बुरा है, पर अपना क्या ? अपने किसी राजकाज में थोड़े हैं कि कुछ डर है, रोज मिठाई चाभना, मजे में आनन्द से राम भजन करना ।

(मिठाई खाता है)

(चार प्यादे चार ओर आकर उसको पकड़ लेते हैं)

पहला प्यादा : चल बे चल, बहुत मिठाई खाकर मुटाया है । आज पूरी हो गई ।

दूसरा प्यादा : बाबा जी चलिए, नमोनारायन कीजिए ।

गोबरधनदास : (घबड़ाकर) हैं ! यह आफत कहाँ से आई ! अरे भाई, मैंने तुम्हारा क्या बिगाड़ा है जो मुझको पकड़ते हो ।

पहला प्यादा : आपने बिगाड़ा है या बनाया है इससे क्या मतलब, अब चलिए । फाँसी चढ़िए ।

गोबरधनदास : फाँसी । अरे, बाप रे बाप, फाँसी !! मैंने किसकी जमा लूटी है कि मुझको फाँसी ! मैंने किसके प्राण मारे कि मुझको फाँसी !

दूसरा प्यादा : आप बड़े मोटे हैं, इस वासते फाँसी होती है ।

गोबरधनदास : मोटे होने से फाँसी ? यह कहाँ का न्याय है ! अरे, हँसी फकीरों से नहीं करनी होती है ।

पहला प्यादा : जब सूली चढ़ लीजिएगा तब मालूम होगा कि हँसी है कि सच । सीधी राह से चलते हो कि घसीटकर ले चलें ?

गोबरधनदास : अरे बाबा, क्यों बेकसूर का प्राण मारते हो ? भगवान् के यहाँ क्या जवाब दोगे ?

पहला प्यादा : भगवान को जवाब राजा देगा । हमको क्या मतलब । हम तो हुक्मी बन्दे हैं ।

गोबरधनदास : तब भी बाबा बात क्या है कि हम फकीर आदमी को नाहक फाँसी देते हो ।

पहला प्यादा : बात है कि कल कोतवाल को फाँसी का हुकुम हुआ था । जब फाँसी देने को उसको ले गए, तो फाँसी का फँदा बड़ा हुआ, क्योंकि कोतवाल साहब दुबले हैं । हम लोगों ने महाराज से अर्ज किया, इस पर हुक्म हुआ कि एक मोटा आदमी पकड़कर फाँसी दे दो, क्योंकि बकरी मारने से अपराध में किसी-न-किसी की सजा होनी जरूर है, नहीं तो न्याव न होगा । इसी वास्ते तुमको ले जाते हैं कि कोतवाल के बदले तुमको फाँसी दें ।

गोबरधनदास : तो क्या और कोई मोटा आदमी इस नगर भर में नहीं मिलता जो मुझ अनाथ फकीर को फाँसी देते हैं !

पहला प्यादा : इसमें दो बात है—एक तो नगर-भर में राजा के न्याव के डर से कोई मुटाता हीं नहीं, दूसरे, और किसी को पकड़ें तो वह न जानैं क्या बात बनावैं कि हमीं लोगों के सिर कहीं न घहराय[1] और फिर इस राज में साधू-महात्मा इन्हीं लोगों की तो दुर्दशा है, इससे तुम्हीं को फाँसी देंगे ।

गोबरधनदास : दुहाई परमेश्वर की, अरे, मैं नाहक मारा जाता हूँ ! अरे, यहाँ बड़ा ही अन्धेर है, अरे गुरुजी महाराज का कहना मैंने न माना, उसका फल मुझको भोगना पड़ा । गुरुजी, कहाँ हौ ! आओ, मेरे प्राण बचाओ, अरे मैं बेअपराध मारा जाता हूँ गुरुजी, गुरुजी–

(गोबरधनदास चिल्लाता है, प्यादे लोग उसको पकड़कर ले जाते हैं)

[पटाक्षेप]

---

1. सिर पर नहीं आ पड़े ।

छठा दृश्य

स्थान : श्मशान

[गोबरधनदास को पकड़े हुए चार सिपाहियों का प्रवेश]

गोबरधनदास : हाय बाप रे ! मुझे बेकसूर ही फाँसी देते हैं । अरे भाइयो, कुछ तो धरम विचारो ! अरे मुझ गरीब को फाँसी देकर तुम लोगों को क्या लाभ होगा ? अरे मुझे छोड़ दो । हाय ! हाय ! *(रोता है और छुड़ाने का यत्न करता है)*

एक सिपाही : अबे, चुप रह–राजा का हुकुम भला कहीं टल सकता है ? यह तेरा आखिरी दम है, राम का नाम ले–बेफाइदा क्यों शोर करता है ? चुप रह–

गोबरधनदास : हाय ! मैंने गुरुजी का कहना न माना, उसी का यह फल है । गुरुजी ने कहा था कि ऐसे नगर में न रहना चाहिए, यह मैंने न सुना ! अरे ! इस नगर का नाम ही अन्धेर नगरी और राजा का नाम चौपट्ट है, तब बचने की कौन आशा है । अरे ! इस नगर में ऐसा कोई धर्मात्मा नहीं है जो इस फकीर को बचावै । गुरुजी ! कहाँ हौ ? बचाओ–गुरुजी–गुरुजी–*(रोता है । सिपाही लोग उसे घसीटते हुए ले चलते हैं)*

(महन्त जी और नारायणदास आते हैं)

महन्त : अरे बच्चा गोबरधनदास ! तेरी यह क्या दशा है ?

गोबरधनदास : *(गुरु को हाथ जोड़कर)* गुरुजी ! दीवार के नीचे बकरी दब गई, सो इसके लिए फाँसी देते हैं, गुरुजी बचाओ ।

महन्त : अरे बच्चा ! मैंने तो पहले ही कहा था कि ऐसे नगर में रहना ठीक नहीं, तैंने मेरा कहना नहीं सुना ।

गोबरधनदास : मैंने, आपका कहा नहीं माना, उसी का यह फल मिला । आपके सिवा अब ऐसा कोई नहीं है जो रक्षा करै । मैं आप ही का हूँ, आपके सिवा और कोई नहीं । *(पैर पकड़कर रोता है)*

महन्त : कोई चिन्ता नहीं, नारायण सब समर्थ हैं । *(भौं चढ़ाकर सिपाहियों से)* सुनो, मुझको अपने शिष्य को अन्तिम उपदेश देने दो, तुम लोग तनिक किनारे हो जाओ । देखो, मेरा कहना न मानोगे तो तुम्हारा भला न होगा ।

सिपाही : नहीं महाराज, हम लोग हट जाते हैं । आप बेशक उपदेश कीजिए ।

(सिपाही हट जाते हैं । गुरुजी चेले के कान में कुछ समझाते हैं)

गोबरधनदास : *(प्रगट)* तब तो गुरुजी हम अभी फाँसी चढ़ेंगे ।

महन्त : नहीं बच्चा, मुझको चढ़ने दे ।

गोबरधनदास : नहीं गुरुजी, हम फाँसी चढ़ेंगे ।

महन्त : नहीं बच्चा, हम । इतना समझाया नहीं मानता, हम बूढ़े भए, हमको जाने दे ।

गोबरधनदास : स्वर्ग जाने में बूढ़ा-जवान क्या ? आप तो सिद्ध हो, आपको गति-अगति से क्या ? मैं फाँसी चढ़ूँगा ।

(इसी प्रकार दोनों हुज्जत करते हैं—सिपाही लोग परस्पर चकित होते हैं)

पहला सिपाही : भाई ! यह क्या माजरा है, कुछ समझ नहीं पड़ता ।

दूसरा सिपाही : हम भी नहीं समझ सकते कि यह कैसा गबड़ा है ।

(राजा, मंत्री, कोतवाल आते हैं)

राजा : यह क्या गोलमाल है ?

पहला सिपाही : महाराज ! चेला कहता है मैं फाँसी चढ़ूँगा, गुरु कहता है मैं चढ़ूँगा; कुछ मालूम नहीं पड़ता कि क्या बात है ?

राजा : *(गुरु से)* बाबा जी ! बोलो । काहे को आप फाँसी चढ़ते हैं ?

महन्त : राजा ! इस समय ऐसा साइत है कि जो मरेगा सीधा बैकुंठ जाएगा ।

मन्त्री : तब तो हमी फाँसी चढ़ेंगे ।

गोबरधनदास : हम हम । हमको तो हुकुम है ।

कोतवाल : हम लटकैंगे । हमारे सबब तो दीवार गिरी ।

राजा : चुप रहो सब लोग, राजा के आछत[1] और कौन बैकुंठ जा सकता है । हमको फाँसी चढ़ाओ, जल्दी, जल्दी ।

महन्त : **जहाँ न धर्म न बुद्धि नहिं, नीति न सुजन समाज ।**
ते ऐसहि आपुहि[2] नसे[3], जैसे चौपटराज ।।

(राजा को लोग टिकठी पर खड़ा करते हैं)

[पटाक्षेप]

---

1. रहते हुए
2. स्वयं
3. नष्ट होते हैं

भारत-दुर्दशा

भारत-दुर्दशा

(मंगलाचरण)

जय सतजुग-थापन-करन, नासन म्लेच्छ-आचार ।
कठिन धार तरवार कर, कृष्ण कल्कि अवतार ॥

पहला अंक

स्थान : बीथी

[एक योगी गाता है]

(लावनी)

रोअहु अब मिलिकै आवहु भारत भाई ।
हा हा ! भारतदुर्दशा न देखी जाई ॥ ध्रुव ॥

सबके पहिले जेहि ईश्वर धन बल दीनो ।
सबके पहिले जेहि सभ्य विधाता कीनो ॥
सबके पहिले जो रूप रंग रस भीनो ।
सबके पहिले विद्याफल जिन गहि लीनो ॥
अब सबके पीछे सोई परत लखाई ।
हा हा ! भारतदुर्दशा न देखी जाई ॥

जहँ भए शाक्य हरिचंदरु नहुष ययाती ।
जहँ राम युधिष्ठिर वासुदेव सर्याती ॥
जहँ भीम करन अर्जुन की छटा दिखाती ।
तहँ रही मूढ़ता कलह अविद्या राती ॥
अब जहँ देखहु तहँ दुःखहिं दुःख दिखाई ।
हा हा ! भारतदुर्दशा न देखी जाई ॥

लरि बैदिक जैन डुबाई पुस्तक सारी ।

करि कलह बुलाई जवनसैन पुनि भारी ॥
तिन नासी बुधि बल विद्या धन बहु बारी ।
छाई अब आलस कुमति कलह अँधियारी ॥
भए अंध पंगु सब दीन हीन बिलखाई ।
हा हा ! भारतदुर्दशा न देखी जाई ॥

अँगरेजराज सुख साज सजे सब भारी ।
पै धन बिदेश चलि जात इहै अति ख्वारी ॥
ताहू पै महँगी काल रोग बिस्तारी ।
दिन दिन दूने दुःख ईस देत हा हा री ॥
सबके ऊपर टिक्कस की आफत आई ।
हा हा ! भारतदुर्दशा न देखी जाई ॥

[पटोत्तोलन]

दूसरा अंक

स्थान : श्मशान, टूटे-फूटे मन्दिर

[कौआ, कुत्ता, स्यार घूमते हुए, अस्थि इधर-उधर पड़ी है]

(भारत[1] का प्रवेश)

भारत : हा ! यह वही भूमि है जहाँ साक्षात् भगवान् श्रीकृष्णचन्द्र के दूतत्व करने पर भी वीरोत्तम दुर्योधन ने कहा था, 'सूच्यग्रं नैव दास्यामि बिना युद्धेन केशव' और आज हम उसी भूमि को देखते हैं कि श्मशान हो रही है । अरे यहाँ की योग्यता, विद्या, सभ्यता, उद्योग, उदारता, धन, बल, मान, दृढ़चित्तता, सत्य सब कहाँ गए ? अरे पामर जयचन्द्र ! तेरे उत्पन्न हुए बिना मेरा क्या डूब जाता था ? हाय ! अब मुझे कोई शरण देनेवाला नहीं । *(रोता है)* मात:; राजराजेश्वरि ! बिजयिनी ! मुझे बचाओ । अपनाए की लाज रक्खो । अरे दैव ने सब कुछ मेरा नाश कर दिया पर अभी सन्तुष्ट नहीं हुआ । हाय ! मैंने जाना था कि अँगरेजों के हाथ में आकर हम अपने दुखी मन को पुस्तकों

1. फटे कपड़े पहिने, सिर पर अर्ध किरीट, हाथ में टेकने की छड़ी, शिथिल अंग ।

से बहलावेंगे और सुख मानकर जन्म बितावेंगे पर दैव से वह भी न सहा गया । हाय ! कोई बचानेवाला नहीं ।

(गीत)

कोऊ नहिं पकरत मेरो हाथ ।
बीस कोटि सुत होत फिरत मैं हा हा होय अनाथ ॥
जाकी सरन गहत सोइ मारत सुनत न कोउ दुखगाथ ।
दीन बन्यौ इत सों उत डोलत टकरावत निज माथ ॥
दिन दिन बिपति बढ़त सुख छीजत देत कोऊ नहिं साथ ।
सब विधि दुख सागर मैं डूबत धाइ उबारौ नाथ ॥

(नेपथ्य में गम्भीर और कठोर स्वर से)

अब भी तुझको अपने नाथ का भरोसा है ! खड़ा तो रह । अभी मैंने तेरी आशा की जड़ न खोद डाली तो मेरा नाम नहीं ।

भारत : *(डरता और काँपता हुआ रोकर)* अरे यह विकराल वदन कौन मुँह बाए मेरी ओर दौड़ता चला आता है ? हाय-हाय इससे कैसे बचेंगे ? अरे यह तो मेरा एक ही कौर कर जाएगा । हाय ! परमेश्वर बैकुंठ में और राजराजेश्वरी सात समुद्र पार, अब मेरी कौन दशा होगी ? हाय अब मेरे प्राण कौन बचावेगा ? अब कोई उपाय नहीं । अब मरा, अब मरा । *(मूर्छा खाकर गिरता है)*

(निर्लज्जता[1] आती है)

निर्लज्जता : मेरे आछत तुमको अपने प्राण की फिक्र । छिः-छिः ! जीओगे तो भीख माँग खाओगे । प्राण देना तो कायरों का काम है । क्या हुआ जो धनमान सब गया 'एक जिन्दगी हजार नेआमत है ।' *(देखकर)* अरे सचमुच बेहोश हो गया । तो उठा ले चलें । नहीं नहीं मुझसे अकेले न

1. जाँघिया—सिर खुला, ऊँची चोली—दुपट्टा ऐसा गिरता पड़ता कि अंग खुले, सिर खुला, खानगियों का सा वेष ।

उठेगा । *(नेपथ्य की ओर)* आशा ! आशा ! जल्दी आओ ।

(आशा[1] आती है)

निर्लज्जता : यह देखो भारत मरता है, जल्दी इसे घर उठा ले चलो ।

आशा : मेरे आछत किसी ने भी प्राण दिया है ? ले चलो; अभी जिलाती हूँ ।

[दोनों उठाकर भारत को ले जाती हैं]

1. लड़की के वेष में ।

तीसरा अंक

स्थान : मैदान

[फौज के डेरे दिखाई पड़ते हैं ! भारतदुर्दैव[1] आता है]

भारतदुर्दैव : कहाँ गया भारत मूर्ख ! जिसको अब भी परमेश्वर और राजराजेश्वरी का भरोसा है ? देखो तो अभी इसकी क्या-क्या दुर्दशा होती है ।

(नाचता और गाता हुआ)

अरे !
उपजा ईश्वर कोप से, औ आया भारत बीच ।
छार खार सब हिंद करूँ मैं, तो उत्तम नहिं नीच ॥
मुझे तुम सहज न जानो जी, मुझे इक राक्षस मानो जी ।
कौड़ी कौड़ी को करूँ मैं सबको मुहताज ।
भूखे प्रान निकालूँ इनका, तो मैं सच्चा राज ॥
मुझे तुम सहज न जानो जी, मुझे इक राक्षस मानो जी ।
काल भी लाऊँ महँगी लाऊँ, और बुलाऊँ रोग ।
पानी उलटा कर बरसाऊँ छाऊँ जग में सोग ॥

1. क्रूर, आधा क्रिस्तानी आधा मुसलमानी वेष, हाथ में नंगी तलवार लिये ।

मुझे तुम सहज न जानो जी, मुझे इक राक्षस मानो जी ।
फूट बैर औ कलह बुलाऊँ, ल्याऊँ सुस्ती जोर ।
घर घर में आलस फैलाऊँ, छाऊँ दुख घनघोर ॥
मुझे तुम सहज न जानो जी, मुझे इक राक्षस मानो जी ।
काफर काला नीच पुकारूँ, तोड़ूँ पैर औ हाथ ।
दूँ इनको सन्तोष, खुशामद, कायरता भी साथ ॥
मुझे तुम सहज न जानो जी, मुझे इक राक्षस मानो जी ।
मरी बुलाऊँ देस उजाड़ूँ, महँगा करके अन्न ।
सबके ऊपर टिकस लगाऊँ, धन है मुझको धन्न ॥
मुझे तुम सहज न जानो जी, मुझे इक राक्षस मानो जी ।

(नाचता है)

अब भारत कहाँ जाता है, ले लिया है । एक हिस्सा बाकी है, अबकी हाथ में वह भी साफ है । भला हमारे बिना और कौन ऐसा कर सकता है कि अँगरेजी अमलदारी में भी हिन्दू न सुधरें ! लिया भी तो अँगरेजों से औगुन ! हा हाहा ! कुछ पढ़े-लिखे मिलकर देश सुधारा चाहते हैं ! हहा हहा ! एक चने से भाड़ फोड़ेंगे । ऐसे लोगों को दमन करने को मैं जिले के हाकिमों को न हुक्म दूँगा कि इनको डिसलायल्टी में पकड़ो और ऐसे लोगों को हर तरह से खारिज करके जितना जो बड़ा मेरा मित्र हो उसको उतना बड़ा मेडल और खिताब दो । हैं ! हमारी पालिसी के विरुद्ध उद्योग करते हैं, मूर्ख ! यह क्यों ? मैं अपनी फौज ही भेज के न सब चौपट करता हूँ । *(नेपथ्य की ओर देखकर)* अरे कोई है ? सत्यानाश फौजदार को तो भेजो ।

(नेपथ्य में से 'जो आज्ञा' का शब्द सुनाई पड़ता है)

देखो मैं क्या करता हूँ। किधर किधर भागेंगे।

(सत्यानाश फौजदार आते हैं)

(नाचता हुआ)

सत्यानाश फौजदार :

हमारा नाम है सत्यानास । आए हैं राजा के हम पास ॥
धरके हम लाखों ही भेस । किया चौपट यह सारा देस ॥
बहुत हमने फैलाए धर्म । बढ़ाया छुआछूत का कर्म ॥
होके जयचन्द हमने इक बार । खोल ही दिया हिन्द का द्वार ॥
हलाकू चंगेजो तैमूर । हमारे अदना अदना सूर ॥
दुरानी अहमद नादिरसाह । फौज के मेरे तुच्छ सिपाह ॥
हैं हममें तीनों कल बल छल । इसी से कुछ नहिं सकती चल ।
पिलावैंगे हम खूब शराब । करैंगे सबको आज खराब ॥

भारतदुर्दैव : अहा सत्यानाशजी आए । आओ, देखो अभी फौज को हुक्म दो कि सब लोग मिलके चारों ओर से हिन्दुस्तान को घेर लें। जो पहले से घेरे हैं उनके सिवा औरों को भी आज्ञा दो कि बढ़ चलें ।

सत्यानाश फौजदार : महाराज 'इन्द्रजीत सन जो कछु भाखा, सो सब जनु पहिलहिं करि राखा ।' जिनको आज्ञा हो चुकी है वे तो अपना काम कर ही चुके और जिसको जो हुक्म हो, कर दिया जाय ।

भारतदुर्दैव : किसने-किसने क्या-क्या किया है ?

सत्यानाश फौजदार : महाराज ! धर्म ने सबके पहिले सेवा की ।

रचि बहु बिधि के वाक्य पुरानन माँहि घुसाए ।
शैव शाक्त वैष्णव अनेक मत प्रगटि चलाए ॥
जाति अनेकन करी नीच अरु ऊँच बनायो ।
खान पान सम्बन्ध सबन सों बरजि छुड़ायो ॥
जन्मपत्र बिधि मिले ब्याह नहिं होन देत अब ।
बालकपन ब्याहि प्रीतिबल नास कियो सब ॥
करि कुलीन के बहुत ब्याह बल बीरज मारयो ।

बिधवा ब्याह निषेध कियो बिभिचार प्रचार्यो ॥
रोकि बिलायतगमन कूपमंडूक बनायो ।
औरन को संसर्ग छुड़ाइ प्रचार घटायो ॥
बहु देवी देवता भूत प्रेतादि पुजाई ।
ईश्वर सों सब बिमुख किए हिन्द घबराई ॥

भारतदुर्दैव : आहा ! हाहा ! शाबाश ! शाबाश ! हाँ, और भी कुछ धर्म्म ने किया ?

सत्यानाश फौजदार : हाँ महाराज ।

अपरस सोल्हा छूत रचि, भोजनप्रीति छुड़ाय ।
किए तीन तेरह सबै, चौका चौका छाय ॥

भारतदुर्दैव : और भी कुछ ?

सत्यानाश फौजदार : हाँ ।

रचिकै मत वेदान्त को, सबको ब्रह्म बनाय ।
हिन्दुन पुरुषोत्तम कियो, तोरि हाथ अरु पाय ॥

महाराज, वेदान्त ने बड़ा ही उपकार किया । सब हिन्दू ब्रह्म हो गए । किसी को इतिकर्त्तव्यता बाकी ही न रही । ज्ञानी बनकर ईश्वर से विमुख हुए, रुक्ष हुए, अभिमानी हुए और इसी से स्नेहशून्य हो गए । जब स्नेह ही नहीं तब देशोद्धार का प्रयत्न कहाँ ? बस, जय शंकर की ।

भारतदुर्दैव : अच्छा, और किसने-किसने क्या किया ?

सत्यानाश फौजदार : महाराज, फिर सन्तोष ने भी बड़ा काम किया । राजा-प्रजा सबको अपना चेला बना लिया । अब हिन्दुओं को खाने मात्र से काम, देश से कुछ काम नहीं । राज न रहा, पेनसन ही सही । रोजगार न रहा सूद ही सही । वह भी नहीं, तो घर ही का सही, 'सन्तोषं परमं सुखं' रोटी ही को सराह-सराह के खाते हैं । उद्यम की ओर देखते ही नहीं । निरुद्यमता ने भी सन्तोष को बड़ी सहायता दी । इन दोनों को बहादुरी का मेडल

जरूर मिले । व्यापार को इन्हीं ने मार गिराया ।

भारतदुर्दैव : और किसने क्या किया ?

सत्यानाश फौजदार : फिर महाराज जो धन की सेना बची थी उसको जीतने को भी मैंने बड़े बाँके वीर भेजे । अपव्यय, अदालत, फैशन और सिफारिश इन चारों ने सारी दुश्मन की फौज तितिर-बितिर कर दी । अपव्यय ने खूब लूट मचाई । अदालत ने भी अच्छे हाथ साफ किए । फैशन ने तो बिल और टोटल के इतने गोले मारे कि अन्टाधार कर दिया और सिफारिश ने भी खूब ही छकाया । पूरब से पच्छिम और पच्छिम से पूरब तक पीछा करके खूब भगाया । तुहफे, घूस और चन्दे के ऐसे बम के गोले चलाए कि 'बम बोल गई बाबा की चारों दिसा' धूम निकल पड़ी । मोटा भाई बना-बनाकर मूँड़ लिया । एक तो खुद ही यह सब पँडिया के ताऊ, उस पर चुटकी बजी, खुशामद हुई, डर दिखाया गया, बराबरी का झगड़ा उठा, धाँय-धाँय गिनी गई[1], वर्णमाला कंठ कराई[2], बस हाथी के खाए कैथ हो गए । धन की सेना ऐसी भागी कि कब्रों में भी न बची, समुद्र के पार ही शरण मिली ।

भारतदुर्दैव : और भला कुछ लोग छिपाकर भी दुश्मनों की ओर भेजे थे ?

सत्यानाश फौजदार : हाँ, सुनिए । फूट, डाह, लोभ, भय, उपेक्षा, स्वार्थपरता, पक्षपात, हठ, शोक, अश्रुमार्जन और निर्बलता इन एक दरजन दूती और दूतों को

---

1. सलामी मिली ।
2. सी॰ आई॰ ई॰ आदि उपाधियाँ मिलीं ।

शत्रुओं की फौज में हिला-मिलाकर ऐसा पंचामृत बनाया कि सारे शत्रु बिना मारे घंटा पर के गरुड़ हो गए। फिर अन्त में भिन्नता गई। इसने ऐसा सबको काई की तरह फाड़ा कि भाषा, धर्म, चाल, व्यवहार, खाना-पीना सब एक-एक योजन पर अलग-अलग कर दिया। अब आवें बचा ऐक्य ! देखें आ ही के क्या करते हैं !

भारतदुर्दैव : भला भारत का शस्य नामक फौजदार अभी जीता है कि मर गया ? उसकी पलटन कैसी है ?

सत्यानाश फौजदार : महाराज ! उसका बल तो आपकी अतिवृष्टि और अनावृष्टि नामक फौजों ने बिलकुल तोड़ दिया। लाही, कीड़े, टिड्डी और पाला इत्यादि सिपाहियों ने खूब ही सहायता की। बीच में नील ने भी नील बनकर अच्छा लंकादहन किया।

भारतदुर्देव : वाह ! वाह ! बड़े आनन्द की बात सुनाई। तो अच्छा तुम जाओ। कुछ परवाह नहीं, अब ले लिया है। बाकी साकी अभी सपराए डालता हूँ। अब भारत कहाँ जाता है। तुम होशियार रहना और रोग, महर्घ, कर, मद्य, आलस और अन्धकार को जरा क्रम से मेरे पास भेज दो।

सत्यानाश फौजदार : जो आज्ञा। *(जाता है)*

भारतदुर्देव : अब उसको कहीं शरण न मिलेगी। धन, बल और विद्या तीनों गईं। अब किसके बल कूदेगा ?

(जवनिका गिरती है)

[पटोत्तोलन]

चौथा अंक

[कमरा अँगरेजी सजा हुआ, मेज, कुरसी लगी हुई। कुरसी पर भारतदुर्दैव बैठा है]

(रोग का प्रवेश)

रोग : *(गाता हुआ)*

जगत् सब मानत मेरी आन।
मेरी ही टट्टी रचि खेलत नित सिकार भगवान॥
मृत्यु कलंक मिटावत मैं ही मो सम और न आन।
परम पिता हम हीं वैद्यन के अत्तारन के प्रान॥

मेरा प्रभाव जगत् विदित है। कुपथ्य का मित्र और पथ्य का शत्रु मैं ही हूँ। त्रैलोक्य में ऐसा कौन है जिसपर मेरा प्रभुत्व नहीं। नजर, श्राप, भूत, प्रेत, टोना टनमन, देवी, देवता सब मेरे ही नामान्तर हैं। मेरी ही बदौलत ओझा, दरसनिए, सयाने, पण्डित, सिद्ध लोगों को ठगते हैं। *(आतंक से)* भला मेरे प्रबल प्रताप को ऐसा कौन है जो निवारण करे। हह ! चुँगी की कमेटी सफाई करके मेरा निवारण करना चाहती है, यह नहीं जानती कि जितनी सड़क चौड़ी होगी उतने ही हम भी 'जस–जस सुरसा वदन बढ़ावा, तासु दुगुन कपि रूप दिखावा'। *(भारतदुर्दैव को देखकर)* महाराज ! क्या आज्ञा है ?

भारतदुर्दैव : आज्ञा क्या है, भारत को चारों ओर से घेर लो ।

रोग : महाराज ! भारत तो अब मेरे प्रवेशमात्र से मर जाएगा । घेरने का कौन काम है ? धन्वन्तरि और काशिराज दिवोदास का अब समय नहीं है । और न सुश्रुत, वाग्भट्ट, चरक ही हैं बैदगी अब केवल जीविका के हेतु बची है । काल के बल से औषधों के गुणों और लोगों की प्रकृति में भी भेद पड़ गया । बस अब हमें कौन जीतेगा और फिर हम ऐसी सेना भेजेंगे जिनका भारतवासियों ने कभी नाम तो सुना ही न होगा; तब भला वे उसका प्रतिकार क्या करेंगे । हम भेजेंगे विस्फोटक, हैजा, डेंगू, अपाप्लेक्सी । भला इनको हिन्दू लोग क्या रोकेंगे ? ये किधर से चढ़ाई करते हैं और कैसे लड़ते हैं जानेंगे तो हई नहीं, फिर छुट्टी हुई । वरंच महाराज, इन्हीं से मारे जाएँगे और इन्हीं को देवता करके पूजेंगे, यहाँ तक कि मेरे शत्रु डॉक्टर और विद्वान् इसी विस्फोटक के नाश का उपाय टीका लगाना इत्यादि कहेंगे तो भी ये सब उसको शीतला के डर से न मानेंगे और उपाय आछत अपने हाथ प्यारे बच्चों की जान लेंगे ।

भारतदुर्दैव : तो अच्छा तुम जाओ । महर्घ और टिकस भी यहाँ आते होंगे सो उनको साथ लिए जाओ । अतिवृष्टि, अनावृष्टि की सेना भी वहाँ जा चुकी है । अनैक्य और अन्धकार की सहायता से तुम्हें कोई भी रोक न सकेगा । यह लो पान का बीड़ा लो । *(बीड़ा देता है)*

(रोग बीड़ा लेकर प्रणाम करके जाता है)

भारतदुर्दैव : बस, अब कुछ चिन्ता नहीं, चारों ओर से तो मेरी सेना ने उसको घेर लिया, अब कहाँ बच सकता है ।

(आलस्य का प्रवेश[1])

आलस्य : हहा ! एक पोस्ती ने कहा; पोस्ती ने पी पोस्त नौ दिन चले

---

1. मोटा आदमी जँभाई लेता हुआ धीरे-धीरे आवेगा ।

अढ़ाई कोस । दूसरे के जवाब दिया, अबे वह पोस्ती न होगा डाक का हरकारा होगा । पोस्ती ने जब पोस्त पी तो या कूँड़ी के उस पार या इस पार, ठीक है । एक बारी में हमारे दो चेले लेटे थे और उसी राह से एक सवार जाता था । पहिले ने पुकारा "भाई सवार, सवार, यह पक्का आम टपककर मेरी छाती पर पड़ा है, जरा मेरे मुँह में तो डाल ।" सवार ने कहा, "अजी तुम बड़े आलसी हो । तुम्हारी छाती पर आम पड़ा है सिर्फ हाथ से उठाकर मुँह में डालने में यह आलस्य है !" दूसरा बोला, "ठीक है साहब, यह बड़ा ही आलसी है । रातभर कुत्ता मेरा मुँह चाटा किया और यह पास ही पड़ा था पर इसने न हाँका ।" सच है किस जिन्दगी के वास्ते तकलीफ उठाना; मजे में हालमस्त पड़े रहना । सुख केवल हममें है 'आलसी पड़े कुएँ में वहीं चैन है ।'

(गाता है)

(गजल)

दुनिया में हाथ पैर हिलाना नहीं अच्छा ।
मर जाना पै उठके कहीं जाना नहीं अच्छा ।।
बिस्तर प मिस्ले लोथ पड़े रहना हमेशा ।
बंदर की तरह धूम मचाना नहीं अच्छा ।।
"रहने दो जमीं पर मुझे आराम यहीं है ।"
छेड़ो न नक्शेपा हैं मिटाना नहीं अच्छा ।।
उठ करके घर से कौन चले यार के घर तक ।
"मौत अच्छी है पर दिल का लगाना नहीं अच्छा ।"
धोती भी पहिने जब कि कोई गैर पिन्हा दे ।
उमरा को हाथ पैर चलाना नहीं अच्छा ।।
सिर भारी चीज है इसे तकलीफ हो तो हो ।
पर जीभ बिचारी को सताना नहीं अच्छा ।।
फाकों से मरिए पर न कोई काम कीजिए ।
दुनिया नहीं अच्छी है जमाना नहीं अच्छा ।।

सिजदे से गर बिहिश्त मिले दूर कीजिए ।
दोजख ही सही सिर का झुकाना नहीं अच्छा ॥
मिल जाय हिन्द खाक में हम काहिलों को क्या ।
ऐ मीरे फर्श रंज उठाना नहीं अच्छा ॥

और क्या । काजी जी दुबले क्यों रहैं शहर के अन्देशे से । अरे 'कोउ नृप होउ हमैं का हानी, चेरि छाँड़ि नहिं होउब रानी ।' आनन्द से जन्म बिताना । 'अजगर करै न चाकरी, पंछी करै न काम । दास मलूका कह गए, सबके दाता राम ।।' जो पढ़तव्यं सो मरतव्यं, जो न पढ़तव्यं सो भी मरतव्यं, तब फिर दन्तकटाकट किं कर्तव्यं ?' भई जात में ब्राह्मण, धर्म में बैरागी, रोजगार में सूद और दिल्लगी में गप सबसे अच्छी । घर बैठे जन्म बिताना, न कहीं जाना और न कहीं आना । बस खाना, हगना, मूतना, सोना, बात बनाना, तान मारना और मस्त रहना । अमीर के सिर पर और क्या सुरखाब का पर होता है, जो कोई काम न करे वही अमीर । 'तवंगरी बदिलस्त न बमाल ।'[1] दोई तो मस्त हैं या मालमस्त या हालमस्त । *(भारतदुर्दैव को देखकर उसके पास जाकर प्रणाम करके)* महाराज ! मैं सुख से सोया था कि आपकी आज्ञा पहुँची, ज्यों त्यों कर यहाँ हाजिर हुआ । अब हुक्म ?

भारतदुर्दैव : तुम्हारे और साथी सब हिन्दुस्तान की ओर भेजे गए हैं, तुम भी वहीं जाओ और अपनी जोगनिद्रा से सबको अपने वश में करो ।

आलस्य : बहुत अच्छा । *(आप ही आप)* आह रे बप्पा ! अब हिन्दुस्तान में जाना पड़ा । तब चलो धीरे-धीरे चलें । हुक्म न मानेंगे तो लोग कहेंगे 'सरबस खाइ भोग करि नाना,

1. अमीरी हृदय से है, धन से नहीं है !

समरभूमि भा दुरलभ प्राना ।' अरे करने को दैव आप ही करेगा, हमारा कौन काम है, पर चलें ।

(यही सब बुड़बुड़ाता हुआ जाता है)

(मदिरा[1] आती है)

मदिरा : भगवान् सोम की मैं कन्या हूँ । प्रथम वेदों ने मधु नाम से मुझे आदर दिया । फिर देवताओं की प्रिया होने से मैं सुरा कहलाई और मेरे प्रचार के हेतु श्रौत्रामणि यज्ञ की सृष्टि हुई । स्मृति और पुराणों में भी प्रवृत्ति मेरे नित्य कही गई । तन्त्र तो केवल मेरी ही हेतु बने । संसार में चार मत बहुत प्रबल हैं, हिन्दू, बौद्ध, मुसलमान और क्रिस्तान । इन चारों में मेरी चार पवित्र प्रेममूर्ति विराजमान हैं । सोमपान, बीराचमन, शराबुन्तहूरा और बापटैजिंग वाइन । भला कोई कहे तो इनको अशुद्ध ? या जो पशु हैं उन्होंने अशुद्ध कहा ही तो क्या हमारे चाहने वालों के आगे वे लोग बहुत होंगे, तो फी सैकड़े दस होंगे, जगत् में तो हम व्याप्त हैं । हमारे चेले लोग सदा यही कहा करते हैं और फिर सरकार के राज्य के तो हम एकमात्र भूषण हैं ।

दूध सुरा दधिहू सुरा, सुरा अन्न धन धाम ।
वेद सुरा ईश्वर सुरा, सुरा स्वर्ग को नाम ॥
जाति सुरा विद्या सुरा, बिनु मद रहै न कोय ।
सुधरी आजादी सुरा, जगत् सुरामय होय ॥
ब्राह्मण क्षत्री वैश्य अरु, सैयद सेख पठान ।
दै बताइ मोहि कौन जो, करत न मदिरा पान ॥
पियत भट्ट के टट्ट अरु, गुजरातिन के वृंद ।
गौतम पियत अनंद सों, पियत अग्र के नंद ॥
होटल में मदिरा पिएँ, चोट लगे नहिं लाज ।
लोट लए ठाढ़े रहत, टोटल दैवे काज ॥

1. साँवली सी स्त्री, लाल कपड़ा, सोने का गहना, पैर में घुँघुँरू ।

कोउ कहत मद नहिं पिएँ, तो कुछ लिख्यो न जाय ।
कोउ कहत हम मद्य बल, करत वकीली आय ॥
मद्यहि के परभाव सों, रचत अनेकन ग्रन्थ ।
मद्यहि के परकास सों, लखत धरम के पन्थ ॥
मद पी विधि जग को करत, पालत हरि करि पान ।
मद्यहि पी कै नाश सब, करत शंभु भगवान् ॥
विष्णु वारुणी, पोर्ट पुरुषोत्तम, मद्य मुरारि ।
शांपिन शिव, गौड़ी गिरिश, ब्रांडी ब्रह्म बिचारि ॥
मेरी तो धन बुद्धि बल, कुल लज्जा पति गेह ।
माय बाप सुत धर्म सब, मदिरा ही न संदेह ॥
सोक हरन आनन्द करन, उमगावन सब गात ।
हरि मैं तपबिनु लय करनि, केवल मद्य लखात ॥
सरकारहि मंजूर जो मेरा होत उपाय ।
तो सब सों बढ़ि मद्य पै देती कर बैठाय ॥
हमहीं कों या राज की, परम निसानी जान ।
कीर्ति खंभ सी जग गड़ी, जब लौं थिर ससिभान ॥
राजमहल के चिह्न नहिं, मिलिहैं जग इत कोय ।
तबहू बोतल टूक बहु, मिलिहैं कीरति होय ॥

हमारी प्रवृत्ति के हेतु कुछ यत्न करने की आवश्यकता नहीं । मनु पुकारते हैं 'प्रवृत्तिरेषा भूतानां' और भागवत में कहा है 'लोके व्यवायामिषमद्यसेवा नित्ययास्ति जंतो: ।' उस पर भी वर्तमान समय और सभ्यता की तो मैं मुख्य मूलसूत्र हूँ ।

विषयेन्द्रियों के सुखानुभव मेरे कारण द्विगुणित हो जाते हैं । संगीत साहित्य की तो मैं एकमात्र जननी हूँ । फिर ऐसा कौन है जो मुझसे विमुख हो ?

(गाती है)

(राग काफी, धनाश्री का मेल, ताल धमार)

मदवा पीले पागल जोबन बीत्यौ जात ।
बिनु मद जगत सार कछु नाहीं मान हमारी बात ॥

पी प्याला छक छक आनँद से नितहि साँझ और प्रात ॥
झूमत चल डगमगी चाल से मारि लाज को लात ।
हाथी मच्छड़, सूरज जुगुनू जाके पिए लखात ।
ऐसी सिद्धि छोड़ि मन मूरख काहे ठोकर खात ॥

(राजा को देखकर) महाराज ! कहिए क्या हुक्म है ?

भारतदुर्दैव : हमने बहुत से अपने वीर हिन्दुस्तान में भेजे हैं । परन्तु मुझको तुमसे जितनी आशा है उतनी और किसी से नहीं है । जरा तुम भी हिन्दुस्तान की तरफ जाओ और हिन्दुओं से समझो तो ।

मदिरा : हिन्दुओं के तो मैं मुद्दत से मुँहलगी हूँ, अब आपकी आज्ञा से और भी अपना जाल फैलाऊँगी और छोटे बड़े सबके गले का हार बन जाऊँगी । *(जाती है)*

(रंगशाला के दीपों में से अनेक बुझा दिये जायेंगे)

(अंधकार का प्रवेश)

(आँधी आने की भाँति शब्द सुनाई पड़ता है)

अन्धकार : *(गाता हुआ स्खलित नृत्य करता है)*

(राग काफी)

जै जै कलियुग राज की, जै महामोह महराज की ।
अटल छत्र सिर फिरत थाप जग मानत जाके काज की ॥
कलह अविद्या मोह मूढ़ता सबै नास के साज की ॥

हमारा सृष्टिसंहारकारक भगवान् तमोगुण जी से जन्म है । चोर, उलूक और लम्पटों के हम एकमात्र जीवन हैं । पर्वतों की गुहा, शोकितों के नेत्र, मूर्खों के मस्तिष्क और खलों के चित्त में हमारा निवास है । हृदय के और प्रत्यक्ष, चारों नेत्र हमारे प्रताप से बेकाम हो जाते हैं । हमारे दो स्वरूप हैं, एक आध्यात्मिक और एक आधिभौतिक, जो लोक में अज्ञान और अँधेरे के नाम से प्रसिद्ध हैं । सुनते हैं कि भारतवर्ष में भेजने को मुझे मेरे परम पूज्य मित्र दुर्दैव महाराज ने आज बुलाया है । चलें देखें क्या कहते हैं *(आगे बढ़कर)* महाराज की जय हो, कहिए, क्या अनुमति है ?

भारतदुर्दैव : आओ मित्र ! तुम्हारे बिना तो सब सूना था । यद्यपि मैंने अपने बहुत से लोग भारतविजय को भेजे हैं पर तुम्हारे बिना सब निर्बल है । मुझको तुम्हारा बड़ा भरोसा है, अब तुमको भी वहाँ जाना होगा ।

अन्धकार : आपके काम के वास्ते भारत क्या वस्तु है, कहिए मैं विलायत जाऊँ ।

भारतदुर्दैव : नहीं, विलायत जाने का अभी समय नहीं, अभी वहाँ त्रेता, द्वापर है ।

अन्धकार : नहीं, मैंने एक बात कही । भला जब तक वहाँ दुष्टा विद्या का प्राबल्य है, मैं वहाँ जा ही के क्या करूँगा ! गैस और मैगनीशिया से मेरी प्रतिष्ठा भंग न हो जाएगी ।

भारतदुर्दैव : हाँ, तो तुम हिन्दुस्तान में जाओ और जिसमें हमारा हित हो सो करो । बस 'बहुत बुझाइ तुमहिं का कहऊँ, परम चतुर मैं जानत अहऊँ ।'

अन्धकार : बहुत अच्छा, मैं चला । बस जाते ही देखिए क्या करता हूँ । *(नेपथ्य में बैतालिक गान और गीत की समाप्ति में क्रम से पूर्ण अन्धकार और पटाक्षेप)*

निहचै भारत को अब नास ।
जब महाराज विमुख उनसों तुम निज मति करी प्रकास ॥
अब कहुँ सरन तिन्हैं नहिं मिलिहै ह्वैहै सब बल चूर ।
बुधि विद्या धन धान सबै अब तिनको मिलिहैं धूर ॥
अब नहिं राम धर्म अर्जुन नहिं शाक्यसिंह अरु व्यास ।
करिहै कौन पराक्रम इनमें को दैहै अब आस ॥
सेवाजी रनजीतसिंह हू अब नहिं बाकी जौन ।
करिहैं कछू नाम भारत को अब तो सब नृप मौन ॥
वही उदैपुर जैपुर रीवाँ पन्ना आदिक राज ।
परबस भए न सोच सकहिं कछु करि निज बल बेकाज ॥
अँगरेजहु को राज पाइकै रहे कूढ़ के कूढ़ ।
स्वारथ पर विभिन्न-मति-भूले हिन्दू सब ह्वै मूढ़ ॥
जग के देस बढ़त बदि बदि के सब बाजी जेहि काल ।

ताहू समय रात इनको है ऐसे ये बेहाल ॥
छोटे चित अति भीरु बुद्धि मन चंचल बिगत उछाह ।
उदर-भरन-रत, ईसबिमुख सब भए प्रजा नरनाह ॥
इनसों कछू आस नहिं ये तो सब बिधि बुधि-बल-हीन ।
बिना एकता-बुद्धि-कला के भए सबहि बिधि दीन ॥
बोझ लादि कै पैर छानि कै निज सुख करहु प्रहार ।
ये रासभ से कछु नहिं कहिहैं मानहु छमा अगार ॥
हित अनहित पशु पक्षी जाना पै ये जानहिं नाहिं ।
भूले रहत आपुने रँग मैं फँसे मूढ़ता माहिं ॥
जे न सुनहिं हित, भलो करहिं नहिं तिनसों आसा कौन ।
डंका दै निज सैन साजि अब करहु उतै सब गौन ॥

(जवनिका गिरती है)

पाँचवाँ अंक

स्थान : किताबखाना

[सात सभ्यों की एक छोटी-सी कमेटी; सभापति चक्करदार टोपी पहने, चश्मा लगाए, छड़ी लिए; छह सभ्यों में एक बंगाली, एक महाराष्ट्री, एक अखबार हाथ में लिये एडिटर, एक कवि और दो देशी महाशय]

सभापति : *(खड़े होकर)*, सभ्यगण ! आज की कमेटी का मुख्य उद्देश्य यह है कि भारतदुर्दैव की, सुना है कि हम लोगों पर चढ़ाई है । इस हेतु आप लोगों को उचित है कि मिलकर ऐसा उपाय सोचिए कि जिससे हम लोग इस भावी आपत्ति से बचें । जहाँ तक हो सके अपने देश की रक्षा करना ही हम लोगों का मुख्य धर्म है । आशा है कि आप सब लोग अपनी-अपनी अनुमति प्रकट करेंगे । *(बैठ गए, करतलध्वनि)*

बंगाली : *(खड़े होकर)* सभापति साहब जो बात बोला सो बहुत ठीक है । इसका पेशतर कि भारतदुर्दैव हम लोगों का शिर पर आ पड़े कोई उसके परिहार का उपाय शोचना अत्यन्त आवश्यक है किन्तु प्रश्न एई है जे हम लोग उसका दमन करने शाकता कि हमारा बोर्ज्जोबल के बाहर का बात है । क्यों नहीं शाकता ? अलबत्त शकैगा, परन्तु जो शब

लोग एक मत होगा। *(करतलध्वनि)* देखो हमारा बंगाल में इसका अनेक उपाय शाधन होते हैं। ब्रिटिश इण्डियन असोसिएशन लीग इत्यादि अनेक शभा भी होते हैं। कोई थोड़ा बी बात होता हम लोग मिल के बड़ा गोल करते। गवर्नमेंट तो केवल गोलमाल शे भय खाता। और कोई तरह नहीं शोनता। ओ हुआँ का अखबार वाला सब एक बार ऐसा शोर करता कि गवर्नमेंट को अलबत्त शुनने होता। किन्तु हेंयाँ, हम देखते हैं कोई कुछ नहीं बोलता। आज शब आप सभ्य लोग एकत्र हैं, कुछ उपाय इसका अवश्य शोचना चाहिए। *(उपवेशन)*

पहला देशी : *(धीरे से)* यहीं, मगर जब तक कमेटी में हैं तभी तक। बाहर निकले कि फिर कुछ नहीं।

दूसरा देशी : *(धीरे से)* क्यों भाई साहब; इस कमेटी में आने से कमिश्नर हमारा नाम तो दरबार से खारिज न कर देंगे ?

एडिटर : *(खड़े होकर)* हम अपने प्राणपण से भारतदुर्दैव को हटाने को तैयार हैं। हमने पहिले भी इस विषय में एक बार अपने पत्र में लिखा था परन्तु यहाँ तो कोई सुनता ही नहीं। अब जब सिर पर आफत आई तो आप लोग उपाय सोचने लगे। भला अब भी कुछ नहीं बिगड़ा है जो कुछ सोचना हो जल्द सोचिए। *(उपवेशन)*

कवि : *(खड़े होकर)* मुहम्मदशाह से भाँडों ने दुश्मन की फौज से बचने का एक बहुत उत्तम उपाय कहा था। उन्होंने बतलाया कि नादिरशाह के मुकाबले में फौज न भेजी जाय। जमना किनारे कनात खड़ी कर दी जाएँ, कुछ लोग चूड़ी पहने कनात के पीछे खड़े रहें। जब फौज इस पार उतरने लगे, कनात के बाहर हाथ निकालकर उँगली चमकाकर कहें "मुए इधर न आइयो इधर जनाने हैं"। बस सब दुश्मन हट जाएँगे। यही उपाय भारतदुर्दैव से बचने का क्यों न किया जाय।

बंगाली : *(खड़े होकर)* अलबत्त, यह भी एक उपाय है किन्तु

असभ्यगण आकर जो स्त्री लोगों का विचार न करके सहसा कनात को आक्रमण करेगा तो ? *(उपवेशन)*

एडिटर : *(खड़े होकर)* हमने एक दूसरा उपाय सोचा है, ऐडूकेशन की एक सेना बनाई जाय । कमेटी की फौज । अखबारों के शस्त्र और स्पीचों के गोले मारे जाएँ । आप लोग क्या कहते हैं ? *(उपवेशन)*

दूसरा देशी : मगर जो हाकिम लोग इससे नाराज हों तो ? *(उपवेशन)*

बंगाली : हाकिम लोग काहे को नाराज होगा । हम लोग शदा चाहता कि अँगरेजों का राज्य उत्सन्न न हो, हम लोग केवल अपना बचाव करता । *(उपवेशन)*

महाराष्ट्री : परन्तु इसके पूर्व यह होना अवश्य है कि गुप्त रीति से यह बात जाननी कि हाकिम लोग भारतदुर्दैव की सैन्य से मिल तो नहीं जाएँगे ।

दूसरा देशी : इस बात पर बहस करना ठीक नहीं । नाहक कहीं लेने के देने न पड़ें, अपना काम देखिए *(उपवेशन और आप ही आप)* हाँ, नहीं तो अभी कल ही झाड़बाजी होय ।

महाराष्ट्री : तो सार्वजनिक सभा का स्थापन करना । कपड़ा बीनने की कल मँगानी । हिन्दुस्तानी कपड़ा पहिनना । यह भी सब उपाय हैं ।

दूसरा देशी : *(धीरे से)* बनात छोड़कर गजी पहिरेंगे, हें हें ।

एडिटर : परन्तु अब समय थोड़ा है जल्दी उपाय सोचना चाहिए ।

कवि : अच्छा तो एक उपाय यह सोचो कि सब हिन्दू मात्र अपना फैशन छोड़कर कोट पतलून इत्यादि पहिरें जिसमें जब दुर्दैव की फौज आवे तो हम लोगों को योरोपियन जानकर छोड़ दें ।

पहला देशी : पर रंग गोरा कहाँ से लावेंगे ?

बंगाली : हमारा देश में भारतउद्धार नामक एक नाटक बना है । उसमें अँगरेजों को निकाल देने का जो उपाय लिखा, सोई हम लोग दुर्दैव का वास्ते काहे न अवलम्बन करें । ओ लिखता पाँच जन बंगाली मिल के अँगरेजों को निकाल

देगा। उसमें एक तो पिशान लेकर स्वेज का नहर पाट देगा। दूसरा बाँस काट काट के पिवरी नामक जलयंत्र विशेष बनावेगा। तीसरा उस जलयंत्र से अँगरेजों की आँख में धूर और पानी डालेगा।

महाराष्ट्री : नहीं नहीं, इस व्यर्थ की बात से क्या होना है। ऐसा उपाय करना जिससे फलसिद्धि हो।

पहला देशी : *(आप ही आप)* हाय ! यह कोई नहीं कहता कि सब लोग मिलकर एक चित्त हो विद्या की उन्नति करो, कला सीखो, जिससे वास्तविक कुछ उन्नति हो। क्रमशः सब कुछ हो जाएगा।

एडिटर : आप लोग नाहक इतना सोच करते हैं, हम ऐसे-ऐसे आर्टिकिल लिखेंगे कि उसके देखते ही दुर्दैव भागेगा।

कवि : और हम ऐसी ही ऐसी कविता करेंगे।

पहला देशी : पर उनके पढ़ने का और समझने का अभी संस्कार किसको है ?

(नेपथ्य में से)

भागना मत, अभी मैं आती हूँ।

(सब डरके चौकन्ने से होकर इधर-उधर देखते हैं)

दूसरा देशी : *(बहुत डरकर)* बाबा रे, जब हम कमेटी में चले थे तब पहिले ही छींक हुई थी। अब क्या करें। *(टेबुल के नीचे छिपने का उद्योग करता है)*

(डिसलायलटी[1] का प्रवेश)

सभापति : *(आगे से ले आकर बड़े शिष्टाचार से)* आप क्यों यहाँ तशरीफ लाई हैं ? कुछ हम लोग सरकार के विरुद्ध किसी प्रकार की सम्मति करने को नहीं एकत्र हुए हैं। हम लोग अपने देश की भलाई करने को एकत्र हुए हैं।

डिसलायलटी : नहीं, नहीं, तुम सब सरकार के विरुद्ध एकत्र हुए हो, हम

---

1. पुलिस की वर्दी पहिने।

तुमको पकड़ेंगे ।

बंगाली : *(आगे बढ़कर क्रोध से)* काहे को पकड़ेगा, कानून कोई वस्तु नहीं है । सरकार के विरुद्ध कौन बात हम लोग बोला ? व्यर्थ का विभीषिका !

डिसलायलटी : हम क्या करें, गवर्नमेंट की पॉलिसी यही है । कवि वचन सुधा नामक पत्र में गवर्नमेंट के विरुद्ध कौन बात थी ? फिर क्यों उसे पकड़ने को हम भेजे गए ? हम लाचार हैं ।

दूसरा देशी : *(टेबुल के नीचे से रोकर)* हम नहीं, हम नहीं, तमाशा देखने आए थे ।

महाराष्ट्री : हाय हाय ! यहाँ के लोग बड़े भीरु और कापुरुष हैं । इसमें भय की कौन बात है ! कानूनी है ।

सभापति : तो पकड़ने का आपको किस कानून से अधिकार है ?

डिसलायलटी : इंगलिश पॉलिसी नामक ऐक्ट के हाकिमेच्छा नामक दफा से ।

महाराष्ट्री : परन्तु तुम ?

दूसरा देशी : *(रोकर)* हाय हाय ! भड़वा 'तुम' कहता है अब मरे ।

महाराष्ट्री : पकड़ नहीं सकतीं, हमको भी दो हाथ दो पैर हैं । चलो हम लोग तुम्हारे संग चलते हैं, सवाल जवाब करेंगे ।

बंगाली : हाँ चलो, ओ का बात–पकड़ने नहीं शेकता ।

सभापति : *(स्वगत)* चेयरमैन होने से पहिले हमीं को उत्तर देना पड़ेगा, इसी से किसी बात में हम अगुआ नहीं होते ।

डिसलायलटी : अच्छा चलो । *(सब चलने की चेष्टा करते हैं)*

(जवनिका गिरती है)

छठा अंक

स्थान : गम्भीर वन का मध्यभाग

[भारत एक वृक्ष के नीचे अचेत पड़ा है]

[भारतभाग्य का प्रवेश]

भारतभाग्य : *(गाता हुआ—राग चैती गौरी)*

जागो जागो रे भाई !
सोअत निसि बैस गँवाई । जागो जागो रे भाई ॥
निसि की कौन कहै दिन बीत्यौ काल राति चलि आई ।
देखि परत नहिं हित अनहित कछु परे बैरि बस जाई ॥
निज उद्धार पंथ नहिं सूझत सीस धुनत पछिताई ।
अबहूँ चेति, पकरि राखो किन जो कछु बची बड़ाई ॥
फिर पछिताए कछु नहिं ह्वैहै रहि जैहौ मुँह बाई ।
जागो जागो रे भाई ॥

(भारत को जगाता है और भारत जब नहीं जागता तब अनेक यत्न से फिर जगाता है, अन्त में हारकर उदास होकर)

हाय ! भारत को आज क्या हो गया है ? क्या निस्सन्देह परमेश्वर इससे ऐसा ही रूठा है ? हाय क्या अब भारत के फिर वे दिन न आवेंगे ? हाय यह वही भारत है जो किसी समय सारी पृथ्वी का शिरोमणि गिना जाता था ?

भारत के भुजबल जगरक्षित ।
भारतविद्या लहि जग सिच्छित ॥
भारततेज जगत बिस्तारा ।
भारतभय कंपत संसारा ॥
जाके तनिकहिं भौंह हिलाए ।
थर थर कंपत नृप डरपाए ॥
जाके जय की उज्ज्वल गाथा ।
गावत सब महि मंगल साथा ॥
भारतकिरिन जगत उँजियारा ।
भारतजीव जिअत संसारा ॥
भारतवेद कथा इतिहासा ।
भारत बेदप्रथा परकासा ॥
फिनिक मिसिर सीरीय युनाना ।
भे पंडित लहि भारत दाना ॥
रह्यौ रुधिर जब आरज सीसा ।
ज्वलित अनल समान अवनीसा ॥
साहस बल इन सम कोउ नाहीं ।
तबै रह्यौ महिमंडल माहीं ॥
कहा करी तकसीर तिहारी ।
रे बिधि रुष्ट याहि की बारी ॥
सबै सुखी जग के नर नारी ।
रे बिधना भारत हि दुखारी ॥
हाय रोम तू अति बड़भागी ।
बर्बर तोहि नास्यो जय लागी ॥
तोड़े कीरतिथंभ अनेकन ।
ढाहे गढ़ बहु करि प्रण टेकन ॥
मंदिर महलनि तोरि गिराए ।
सबै चिह्न तुव धूरि मिलाए ॥
कछु न बची तुव भूमि निसानी ।
सो बरु मेरे मन अति मानी ॥

भारत भाग न जात निहारे ।
थाप्यो पग ता सीस उघारे ।।
तोरय्यो दुर्गन महल ढहायो ।
तिनहीं में निज गेह बनायो ।।
ते कलंक सब भारत केरे ।
ठाढ़े अजहूँ लखो घनेरे ।।
काशी प्राग अयोध्या नगरी ।
दीन रूप सम ठाढ़ी सगरी ।।
चंडालहु जेहि निरखि घिनाई ।
रही सबै भुव मुँह मसि लाई ।।
हाय पंचनद हा पानीपत ।
अजहुँ रहे तुम धरनि बिराजत ।।
हाय चितौर निलज तू भारी ।
अजहुँ खरो भारतहि मँझारी ।।
जा दिन तुव अधिकार नसायो ।
सो दिन क्यों नहिं धरनि समायो ।।
रह्यो कलंक न भारत नामा ।
क्यों रे तू बारानसि धामा ।।
सब तजि कै भजि कै दुखभारो ।
अजहुँ बसत करि भुव मुख कारो ।।
अरे अग्रवन तीरथराजा ।
तुमहुँ बचे अबलौं तजि लाजा ।।
पापिनि सरजू नाम धराई ।
अजहुँ बहत अवधतट जाई ।।
तुम में जल नहिं जमुना गंगा ।
बढ़हु बेग करि तरल तरंगा ।।
धोवहु यह कलंक की रासी ।
बोरहु किन झट मथुरा कासी ।।
कुस कन्नौज अंग अरु बंगहि ।
बोरहु किन निज कठिन तरंगहि ।।

बोरहु भारत भूमि सबेरे ।
मिट करक जिय की तब मेरे ॥
अहो भयानक भ्राता सागर ।
तुम तरंगनिधि अतिबल आगर ॥
बोरे बहु गिरि बन अस्थाना ।
पै बिसरे भारत हित जाना ॥
बढ़हु न बेगि धाई क्यों भाई ।
देहु भारत भुव तुरत डुबाई ॥
घेरि छिपावहु विंध्य हिमालय ।
करहु सकल भीतर तुम लय ॥
धोवहु भारत अपजस पंका ।
मेटहु भारतभूमि कलंका ॥

हाय ! यहीं के लोग किसी काल में जगन्मान्य थे ।

जेहि छिन बलमारे हे सबै तेग धारे ।
तब सब जग धाई फेरते हे दुहाई ॥
जग सिर पग धारे धावते रोस भारे ।
बिपुल अवनि जीती पालते राजनीती ॥
जग इन बल काँपै देखिकै चंड दापै ।
सोइ यह प्रिय भेरे ह्वै रहे आज चेरे ॥

ये कृष्ण बरन जब मधुर तान ।
करते अमृतोपम वेद गान ॥
तब मोहन सब नर नारि वृंद ।
सुनि मधुर बरन सज्जित सुछंद ॥
जग के सबही जन धारि स्वाद ।
सुनते इनहीं को बीन नाद ॥
इनके गुन होतो सबहि चैन ।
इनहीं कुल नारद तानसैन ॥
इनहीं के क्रोध किए प्रकास ।
सब काँपत भूमंडल अकास ॥
इनहीं के हुंकृति शब्द घोर ।

गिरि काँपत हे सुनि चारु ओर ॥
जब लेत रहे कर में कृपान ।
इनहीं कहँ हो जग तृन समान ॥
सुनि कै रनबाजन खेत माहिं ।
इनहीं कहँ हो जिय सक नाहिं ॥
याही भुव महँ होत है हीरक आम कपास ।
इतही हिमगिरि गंगजल काव्य गीत परकास ॥
जाबाली जैमिनि गरग पातंजलि सुकदेव ।
रहे भारतहि अंक में कबहि सबै भुवदेव ॥
याही भारत मध्य में रहे कृष्ण मुनि व्यास ।
जिनके भारतगान सों भारतबदन प्रकास ॥
याही भारत में रहे कपिल सूत दुरवास ।
याही भारत में भए शाक्यसिंह संन्यास ॥
याही भारत में गए मनु भृगु आदिक होय ।
तब तिनसी जग में रह्यो घृना करत नहिं कोय ॥
जासु काब्य सों जगत मधि अबल ऊँचो सीस ।
जासु राज बल धर्म की तृषा करहिं अवनीस ॥
सोई व्यास अरु राम के बंस सबै संतान ।
ये मेरे भारत भरे सोइ गुन रूप समान ॥
सोइ बंस रुधिर वही सोइ मन बिस्वास ।
वही वासना चित वही आसय वही विलास ॥
कोटि कोटि ऋषि पुन्य तन कोटि कोटि अति सूर ।
कोटि कोटि बुध मधुर कवि मिले यहाँ की धूर ॥
सोइ भारत की आज यह भई दुरदसा हाय ।
कहा करे कित जायँ नहिं सूझत कछू उपाय ॥

(भारत को फिर उठाने की अनेक चेष्टा करके उपाय निष्फल होने पर रोकर)

हा ! भारतवर्ष को ऐसी मोहनिद्रा ने घेरा है कि अब इसके उठने की आशा नहीं । सच है, जो जानबूझकर सोता है उसे कौन जगा सकेगा ? हा दैव ! तेरे विचित्र चरित्र हैं,

जो कल राज करता था वह आज जूते में टाँका उधार लगवाता है। कल जो हाथी पर सवार फिरते थे आज नंगे पाँव बन-बन की धूल उड़ाते फिरते हैं। कल जिनके घर लड़के-लड़कियों के कोलाहल से कान नहीं दिया जाता था आज उसका नाम लेवा और पानी देवा कोई नहीं बचा और कल जो घर अन्न धन पूत लक्ष्मी हर तरह से भरे पूरे थे आज उन घरों में तू ने दिया बारने वाला भी नहीं छोड़ा।

हा! जिस भारतवर्ष का सिर व्यास, वाल्मीकि, कालिदास, पाणिनि, शाक्यसिंह, बाणभट्ट प्रभृति कवियों के नाममात्र से अब भी सारे संसार में ऊँचा है, उस भारत की यह दुर्दशा! जिस भारतवर्ष के राजा चन्द्रगुप्त और अशोक का शासन रूम रूस तक माना जाता था, उस भारत की यह दुर्दशा! जिस भारत में राम, युधिष्ठिर, नल, हरिश्चन्द्र, रतिदेव, शिवि इत्यादि पवित्र चरित्र के लोग हो गए हैं उसकी यह दशा! हाय, भारत भैया, उठो! देखो विद्या का सूर्य पश्चिम से उदय हुआ चला आता है। अब सोने का समय नहीं है। अँगरेज का राज्य पाकर भी न जगे तो कब जागोगे। मूर्खों के प्रचंड शासन के दिन गए, अब राजा ने प्रजा का स्वत्व पहिचाना। विद्या की चरचा फैल चली, सबको सब कुछ कहने सुनने का अधिकार मिला, देश विदेश से नई-नई विद्या और कारीगरी आई। तुमको उस पर भी वही सीधी बातें, भाँग के गोले, ग्रामगीत, वही बाल्यविवाह, भूत-प्रेत की पूजा, जन्मपत्री की विधि! वही थोड़े में संतोष, गप हाँकने में प्रीति और सत्यानाशी चालें! हाय अब भी भारत की यह दुर्दशा! अरे अब क्या चिता पर सँहलेगा। भारत भाई! उठो, देखो अब यह दुःख नहीं सहा जाता, अरे कब तक बेसुध रहोगे? उठो, देखो, तुम्हारी सन्तानों का नाश हो गया। छिन्न-भिन्न होकर सब नरक की यातना भोगते हैं, उस पर भी नहीं चेतते।

हाय ! मुझसे तो अब यह दशा नहीं देखी जाती । प्यारे जागो । *(जगाकर और नाड़ी देखकर)* हाय इसे तो बड़ा ही ज्वर चढ़ा है ! किसी तरह होश में नहीं आता । हा भारत ! तेरी क्या दशा हो गई ! हे करुणासागर भगवान् इधर भी दृष्टि कर । हे भगवती राजराजेश्वरी, इसका हाथ पकड़ो । *(रोकर)* अरे कोई नहीं जो इस समय अवलम्ब दे । हा ! अब मैं जी के क्या करूँगा ! जब भारत ऐसा मेरा मित्र इस दुर्दशा में पड़ा है और उसका उद्धार नहीं कर सकता, तो मेरे जीने पर धिक्कार है ! जिस भारत का मेरे साथ अब तक इतना सम्बन्ध था उसकी ऐसी दशा देखकर भी मैं जीता रहूँ तो बड़ा कृतघ्न हूँ ! *(रोता है)* हा विधाता, तुझे यही करना था ! *(आतंक से)* छि: छि: इतना क्लव्य क्यों ? इस समय यह अधीरजपना ! बस, अब धैर्य ! *(कमर से कटार निकालकर)* भाई भारत ! मैं तुम्हारे ऋण से छूटता हूँ । मुझसे वीरों का कर्म नहीं हो सकता । इसी से कातर की भाँति प्राण देकर उऋण होता हूँ । *(ऊपर हाथ उठाकर)* हे सर्वांतर्यामी ! हे परमेश्वर ! जन्म-जन्म मुझे भारत सा भाई मिलै । जन्म-जन्म गंगा जमुना के किनारे मेरा निवास हो ।

(भारत का मुँह चूमकर और गले लगकर)

भैया, मिल लो, अब मैं बिदा होता हूँ । भैया, हाथ क्यों नहीं उठाते ? मैं ऐसा बुरा हो गया कि जन्मभर के वास्ते मैं बिदा होता हूँ तब भी ललककर मुझसे नहीं मिलते । मैं ऐसा ही अभागा हूँ तो ऐसे अभागे जीवन ही से क्या; बस यह लो । *(कटार का छाती में आघात और साथ ही जवनिका पतन)*

★★★

शब्दार्थ

पहला अंक *(पृष्ठ-91)*

सतजुग-थापन-करन....अवतार=हे सतयुग की स्थापना करने वाले और म्लेच्छों के दुराचारों का नाश करने वाले भगवान् कृष्ण आपकी जय हो। इस कलियुग में आप तीक्ष्ण धारवाली तलवार हाथ में लेकर कल्कि भगवान् के रूप में अवतार लो। बीथी=रास्ता। गहि लीनो=प्राप्त कर लिया। परत लखाई=दिखाई पड़ता है। शाक्य=संजय का पुत्र, गौतम का पितामह एक राजा। ययाती=नहुष का बेटा, देवयानी-शर्मिष्ठा का पति प्रतापी राजा। सर्याती=शर्याति एक पुरुवंशीय राजा था।

रातो=अनुरक्त। लरि=लड़कर। वैदिक=वेदों को मानने वाले। जवनसैन= विदेशी यवनों की सेना। नासी=नष्ट की। पंगु=लंगड़े। बिलखाई=बिलख कर रोते हैं। ख्वारी=खोट, कटुता। पटोत्तोलन=पर्दा उठता है।

दूसरा अंक *(पृष्ठ-95)*

स्यार=गीदड़। अस्थि=हड्डियाँ=। भारत=भारतवर्ष। सूच्यग्रं...=हे कृष्ण मैं बिना युद्ध के सूई की नोक-भर जमीन भी पांडुओं को नहीं दूँगा। पामर=नीच। राजराजेश्वरी=महारानी विक्टोरिया। अर्धकिरीट=आधा ताज, मुकुट।

दुखगाथ=दुख से भरी कहानी। विपति=विपत्ति। छीजत=क्षीण होता है, घटता है। धाइ=दौड़कर। उबारौ=बचाओ। विकराल वदन=भयंकर मुखवाला। कौर=ग्रास। आछत=रहते हुए। खानगियों=पेशा करने वालियों। नेआमत= वरदान।

तीसरा अंक *(पृष्ठ-98)*

छार=क्षार, राख । खार=काँटा ।

मरी=महामारी । अमलदारी=राज्य । औगुण=अवगुण, बुराई ।

अदना=तुच्छ । सिपाह=सैनिक । इन्द्रजीत...राखा='रामचरितमानस' से पंक्ति–इन्द्रजीत से जो कुछ कहा है वह तो सब पहले ही कर रखा है । बरजि=वर्जित करके । बीरज=वीर्य ।

इतिकर्त्तव्यता=कर्त्तव्य-कर्मशीलता । उद्यम=पुरुषार्थ । अपव्यय=फिजूलखर्ची । बिल और टोटल=खर्चे के बिल और जमा । तुहफे=उपहार, भेंट । डाह=ईर्ष्या ।

शष्य=अन्न धान की खेती । सपराए डालता हूँ=खत्म कर डालता हूँ । महर्घ=महँगाई । जवनिका=पर्दा ।

चौथा अंक *(पृष्ठ-104)*

आन=प्रतिष्ठा । अत्तारन=इतर तथा औषधियाँ बेचने वाले । कुपथ्य=बदपरहेजी । निवारण करे=दूर करे । 'जस जस....दिखावा'='रामचरितमानस' में हनुमान के समुद्रलंघन के समय सुरसा राक्षसी हनुमान को निगलने के लिए जितना मुँह चौड़ा करती थी, हनुमान उससे दुगना बड़ा रूप धारण कर लेते थे ।

काशिराज दिवोवास=काशी के प्रसिद्ध राजा । सुश्रुत, वाग्भट्ट, चरत=प्रसिद्ध भारतीय वैद्य और चिकित्सक । बैदगी=वैद्यगिरी । विस्फोटक=चेचक का रोग । शीतला=शीतला माता । उपाय आछत=उपाय या इलाज होते हुए भी ।

मिस्ले लोथ=लाश की तरह । नक्शेपा=पदचिह्न ।

उमरा=अमीर और सम्मानित लोग । फ़ाकों मरिए=भूखों मरिए । सिजदा=ईश प्रार्थना, भक्ति । काहिलों=आलसियों और निकम्मों । मीरे फर्श=फर्श पर लेटे हुए । शहर के अन्देशे से=शहर के लुटने के डर से । 'कोउ= रानी'=रामचरितमानस में मंथरा कैकेयी को कहती है–कोई राजा हो जाय, चाहे राम हों या भरत, हमें क्या, मैं भला दासी से रानी थोड़े ही हो जाऊँगी । तान मारना=सोना ।

माल मस्त=धन के नशे में मस्त । हालमस्त=हर हाल में फक्कड़पन और मस्ती । 'सरबस...प्राना'=सुख-शान्ति से सब कुछ खाता और सुख-भोग करता

रहा, जब युद्ध का अवसर आया तो जान प्यारी हो गई ।

टट्ट=झुंड । बृन्द=समूह । अग्रके नंद=राजा अग्रसेन के पुत्र, अग्रवाल । विधि=ब्रह्मा। हरि=विष्णु । वारुणी=शराब । शांपिन=अंग्रेज़ी शराब का नाम । पति=पत, प्रतिष्ठा । गेह=घर । उमगावन=उमंग भरनेवाली । लखात=दिखाई देती है ।

खम्भ=स्तम्भ । टूक=टुकड़े । थिर=स्थिर ।

निहचै=निश्चय ही । धूर=धूलि । कढ़-कोढ़ी, निकम्मे । विभिन्न-मति-भूले=भिन्न-भिन्न मत-मतान्तरों में भटके ।

बिगत उछाह=उत्साहरहित । नरनाह=नरनाथ, राजा । गौन=गमन, चढ़ाई । उतै=वहीं ।

पाँचवाँ अंक *(पृष्ठ-113)*

पेशतर=पहले । परिहार=रोकने । उपवेशन=बैठना ।

बनात=महीन, बढ़िया कपड़ा । गजी=खद्दर ।

अवलम्बन=सहारा ।

छठा अंक *(पृष्ठ-118)*

निसि बैस = रात और दिन । लहि= ग्रहण कर ।

महि=पृथ्वी । वेद प्रथा परकासा=भारतवर्ष ने ही वेद की रीति प्रकाशित की ।

उघारे=नंगे । आरज=आर्य ।

भारत केरे=भारत के । सगरी=सब । घिनाई=घृणा करता है । भुव मुँह मसि लाई=संसार में उसके मुँह पर कालिख लगा दी । निलज=निर्लज्ज । मंझारि=में । धरनि=धरती में । सरजू=सरयू नदी । बोरहु=डुबो दो । किन=किम् न, क्यों नहीं ।

अंग= अंग प्रदेश । बंग=बंगाल । करक=कसक । अतिबल आगर=अत्यन्त शक्ति के खज़ाने हो । अपजस पका=अपयश (बदनामी) का कीचड़ । दार्प=दर्प ।

तृन समान=इनके आगे संसार तिनके के समान निर्बल हो जाता है । खेत= रणभूमि । सक=डर, आशंका । भुवदेव=ब्राह्मण, ऋषि-मुनि । दुरवास=दुर्वासा

ऋषि । अवनीस=धरती के राजा ।

क्लैव्य=कायरता । अधीरजपना=रोना-धोना ।

कातर=कायर । ललककर=उमंग से भरकर ।

★★★